中国社会科学院国情调研特大项目"精准扶贫精准脱贫百村调研"

精准扶贫精准脱贫百村调研丛书

CASE STUDIES OF TARGETED POVERTY REDUCTION AND
ALLEVIATION IN 100 VILLAGES

李培林／主编

精准扶贫精准脱贫
百村调研·北塔山牧场卷

精准扶贫助力民族融合

沈进建　姜　涛　胡彩云　等／著

社会科学文献出版社
SOCIAL SCIENCES ACADEMIC PRESS (CHINA)

中国社会科学院国情调研特大项目
"精准扶贫精准脱贫百村调研"
项目协调办公室

主　任：王子豪

成　员：檀学文　刁鹏飞　闫　珺　田　甜　曲海燕

总　序

　　调查研究是党的优良传统和作风。在党中央领导下，中国社会科学院一贯秉持理论联系实际的学风，并具有开展国情调研的深厚传统。1988 年，中国社会科学院与全国社会科学界一起开展了百县市经济社会调查，并被列为"七五"和"八五"国家哲学社会科学重点课题，出版了《中国国情丛书——百县市经济社会调查》。1998 年，国情调研视野从中观走向微观，由国家社科基金批准百村经济社会调查"九五"重点项目，出版了《中国国情丛书——百村经济社会调查》。2006 年，中国社会科学院全面启动国情调研工作，先后组织实施了 1000 余项国情调研项目，与地方合作设立院级国情调研基地 12 个、所级国情调研基地 59 个。国情调研很好地践行了理论联系实际、实践是检验真理的唯一标准的马克思主义认识论和学风，为发挥中国社会科学院思想库和智囊团作用做出了重要贡献。

　　党的十八大以来，在全面建成小康社会目标指引下，中央提出了到 2020 年实现我国现行标准下农村贫困人口脱贫、贫困县全部"摘帽"、解决区域性整体贫困的脱贫攻坚目标。中国的减贫成就举世瞩目，如此宏大的脱贫目标世所罕见。到 2020 年实现全面精准脱贫是党的十九大提出的三大攻坚战之一，是重大的社会目标和政治任务，中国的贫困地区在此期间也将发生翻天覆地的变化，而变化的过程注定不会一帆风顺或云淡风轻。记录这个伟大的过程，总结解决这个世界性难题的经验，为完成这个攻坚战献计献策，是社会科学工作者应有的责任担当。

2016 年，中国社会科学院根据中央做出的"打赢脱贫攻坚战"战略部署，决定设立"精准扶贫精准脱贫百村调研"国情调研特大项目，集中优势人力、物力，以精准扶贫为主题，集中两年时间，开展贫困村百村调研。"精准扶贫精准脱贫百村调研"是中国社会科学院国情调研重大工程，有统一的样本村选择标准和广泛的地域分布，有明确的调研目标和统一的调研进度安排。调研的 104 个样本村，西部、中部和东部地区的比例分别为 57%、27% 和 16%，对民族地区、边境地区、片区、深度贫困地区都有专门的考虑，有望对全国贫困村有基本的代表性，对当前中国农村贫困状况和减贫、发展状况有一个横断面式的全景展示。

在以习近平同志为核心的党中央坚强领导下，党的十八大以来的中国特色社会主义实践引导中国进入中国特色社会主义新时代，我国经济社会格局正在发生深刻变化，脱贫攻坚行动顺利推进，每年实现贫困人口脱贫 1000 多万人，贫困人口从 2012 年的 9899 万人减少到 2017 年的 3046 万人，在较短时间内实现了贫困村面貌的巨大改观。中国社会科学院组建了一百支调研团队，动员了不少于 500 名科研人员的调研队伍，付出了不少于 3000 个工作日，用脚步、笔尖和镜头记录了百余个贫困村在近年来发生的巨大变化。

根据规划，每个贫困村子课题组不仅要为总课题组提供数据，还要撰写和出版村庄调研报告，这就是呈现在读者面前的"精准扶贫精准脱贫百村调研丛书"。为了达到了解国情的基本目的，总课题组拟定了调研提纲和问卷，要求各村调研都要执行基本的"规定动作"和因村而异的"自选动作"，了解和写出每个村的特色，写出脱贫路上的风采以及荆棘！对每部报告我们都组织了专家评审，由作者根据修改意见进行修改，直到达到出版要求。我们希望，这套丛书的出版能为脱贫攻坚大业写下浓重的一笔。

中共十九大的胜利召开，确立习近平新时代中国特色社会主义思想作为各项工作的指导思想，宣告中国特色社会主义进入新时代，中央做出了社会主要矛盾转化的重大判断。从现在起到 2020 年，既是全面建成小康社会的决胜期，也是迈向第二个百年奋斗目标的历史交会期。在此期间，国家强调坚决打好防范化解重大风险、精准脱贫、污染防治三大攻坚战。2018 年春节前夕，习近平总书记到深度贫困的四川凉山地区考察，就打好精准脱贫攻坚战提出八条要求，并通过脱贫攻坚三年行动计划加以推进。与此同时，为应对我国乡村发展不平衡不充分尤其突出的问题，国家适时启动了乡村振兴战略，要求到 2020 年乡村振兴取得重要进展，做好实施乡村振兴战略与打好精准脱贫攻坚战的有机衔接。通过调研，我们也发现，很多地方已经在实际工作中将脱贫攻坚与美丽乡村建设、城乡发展一体化结合在一起开展。可以预见，贫困地区的脱贫攻坚将不再只局限于贫困户脱贫，我们有充分的信心从贫困村发展看到乡村振兴的曙光和未来。

是为序！

全国人民代表大会社会建设委员会副主任委员

中国社会科学院副院长、学部委员

2018 年 10 月

前　言

　　根据中国社会科学院国情调研特大项目"精准扶贫精准脱贫百村调研"的工作部署和要求，中国社会科学评价研究院新疆生产建设兵团北塔山牧场调研小组一行4人于2017年6月赴新疆生产建设兵团北塔山牧场开展实地调研，调研的目的是了解当地贯彻和落实中央"精准扶贫精准脱贫"政策情况，了解牧场扶贫措施、工作部署、组织、管理、监督、考核等情况，考察牧场的学校、医院、乌拉斯台口岸、连队、草场、易地搬迁工程以及贫困户的政策落实，为"精准扶贫精准脱贫百村调研"项目收集一手入户问卷数据、照片影视资料和撰写调研报告。

一　新疆北塔山牧场扶贫调研的主要内容

　　北塔山牧场地处中蒙交界处，是哈萨克族聚居区，受境外"三股势力"影响，社情复杂多变。牧场肩负着维稳、戍边、生产、生活、扶贫等多重重任，扶贫攻坚任务艰巨，是兵团最贫困的牧场之一，具有兵团特点、边疆特点、民族特点，是老少边穷地区扶贫攻坚的一个特殊缩影，也是我院百村调研中唯——一个新疆典型案例。

本次调研预设了以下几个方面的问题作为调研的切入点。

（1）了解当地的自然状况。调研要体验、感受自然条件、区位等限制，北塔山牧场与兵团各团场之间的发展仍然呈现很不平衡的状况，尤其是少数民族地区的经济和社会发展要面对较为突出的自然困境。

（2）了解扶贫计划、扶贫措施。调研要深入了解北塔山牧场，针对贫困人口的精准脱贫方式、手段以及牧场扶贫人员的配置、日常工作、扶贫进度等进行考察。

（3）调研扶贫机制。了解原有扶贫方式，了解扶贫机制创新。

（4）调研牧场贫困人口致贫原因。北塔山牧场从2014年开始建档立卡的工作，识别、认定了贫困户360户1443人，其中国家级贫困户113户470人，兵团级贫困户247户973人。相对贫困问题突出，返贫现象时有发生，精准扶贫任务仍十分艰巨（如牧民居住分散，牧民的风湿性关节炎、心脏病等地方病患病率较高，牧场的公共设施投入成本相对较高等问题）。

（5）了解扶贫精准识别情况。了解在具体实践中是否存在落实精准扶贫精准脱贫政策不到位的问题（如扶贫户门牌号不清楚、联系人是谁不清楚以及不知道是否公示等问题）。

二 调研项目的实施经历

本次调研得到了兵团党委党校领导的大力支持，得到了中组部委派的援疆干部的指导与合作，得到了党校相关领域的专家、教授们的指导，得到了北塔山牧场畜牧一连、畜牧二连、畜牧三连、草建连的配合与协助。本次调研考察了驻乌鲁木齐十二师一零四团、驻伊宁四师七十八团五连的干部、职工、群众，得到了当地哈萨克族翻译干部的支持与合作，取得的丰硕成果如下。

一是前往北塔山牧场进行了精准扶贫精准脱贫入户调查，回收了贫困户问卷 30 份，脱贫户问卷 30 份，行政村调研表 5 份；二是与北塔山牧场各部门有关领导、贫困群众、脱贫群众举行调研座谈会，听取牧场、连队、学校、医院汇报，听取贫困户感受，收集资料；三是收集整理了习近平总书记对新疆工作的指示、兵团领导对兵团扶贫工作的讲话、兵团有关扶贫工作文件；四是与十二师一零四团举办调研会，听取民族宗教工作汇报，进行行政村调研，收集资料；五是实地拍摄了大量照片；六是完成北塔山牧场扶贫调研报告；七是完成北塔山牧场入户调研分析报告；八是完成北塔山牧场扶贫调研专报。

通过对兵团牧场的实地考察和调研，对北塔山牧场的精准扶贫精准脱贫的基本状况、工作安排和进度、扶贫措施有了较为深入的了解，达到了调研组预期的调研目的。同时，我们对兵团干部为少数民族脱贫做出的无私奉献表示由衷敬佩。

目 录

第一章

新疆生产建设兵团扶贫概况

第一节　新疆生产建设兵团扶贫的指导思想

深入推进扶贫开发意义重大。扶贫开发事关巩固党的执政基础，事关国家长治久安，事关社会主义现代化大局。深入推进扶贫开发，是建设中国特色社会主义的重要任务，是深入贯彻落实科学发展观的必然要求，是坚持以人为本、执政为民的重要体现，是统筹城乡区域发展、保障和改善民生、缩小发展差距、促进全体人民共享改革发展成果的重大举措，是全面建成小康社会、构建社会主义和谐社会的迫切需要。扶贫思想是一个与时俱进、不断发展、不断完善、不断丰富的体系。

1984年，邓小平同志曾明确指出，"现在农村还有几

千万人温饱问题没有完全解决"，^①为开展全国扶贫工作奠定了扶贫攻坚的基调。

1986年5月16日，国务院成立了贫困地区经济开发领导小组，作为国务院的议事协调机构，主管扶贫开发工作，拉开了扶贫攻坚战的序幕。长期以来，我国扶贫工作的主要特点是区域扶贫，以贫困地区的区域开发为主要手段。

从20世纪80年代中期开始，国家级和省级贫困县是主要扶贫对象。党的十八大以来，以习近平同志为核心的党中央把扶贫开发工作摆在更加突出的位置。

2013年11月，习近平总书记到湖南湘西考察时做出了"实事求是、因地制宜、分类指导、精准扶贫"的重要指示，首次提出了"精准扶贫"的概念。

2014年1月，中央详细规制了精准扶贫工作模式的顶层设计，推动了"精准扶贫"思想的落地。

2014年5月，习近平总书记在第二次中央新疆工作座谈会上再次指出，建立精准扶贫工作机制。消除贫困、实现共同富裕是以习近平同志为核心的党中央坚持不懈、持续奋斗的目标。

2015年1月，精准扶贫首个调研地点选择了云南，标志着精准扶贫正式开始实行。

2015年11月28日，习近平总书记在中央扶贫工作会议上提出了"六个精准""五个一批"扶贫办法。"六个精准"是指扶贫对象精准、项目安排精准、资金使用精准、

① 邓小平在中央顾问委员会第三次全体会议上的讲话，1984年10月22日。

措施到户精准、因村派人精准、脱贫成效精准。"五个一批"是指发展生产脱贫一批、易地扶贫搬迁脱贫一批、生态补偿脱贫一批、发展教育脱贫一批、社会保障兜底一批。国家锁定目前7000多万农村贫困人口，建档立卡，分类施策，不留锅底。从此，扶贫攻坚从扶贫开发转入贫困治理。

2017年春节前夕，习近平总书记到河北张家口考察时又再次提出精准扶贫，强调打好脱贫攻坚战是全面建成小康社会的底线任务。做好这项工作，不能眉毛胡子一把抓，而要下好"精准"这盘棋，做到扶贫对象精准、扶贫产业精准、扶贫方式精准、扶贫成效精准。

到2020年全面建成小康社会、实现第一个百年奋斗目标是中国对世界的庄严承诺，习近平总书记关于扶贫工作的系列重要论述是新疆扶贫攻坚的政策指南。

第二节　新疆精准扶贫意义重大

新疆是祖国西北边疆最大的少数民族聚居区域，有166万平方公里，拥有丰富的石油和矿产资源，具有十分重要的战略地位和经济地位，是反对"三股势力"斗争的最前线。维护社会稳定和长治久安是新疆凝聚各族人民努力奋斗的总体目标。因此，精准扶贫、真扶贫不是一句口号，而是关乎新疆各族人民大团结，关乎新疆各族人民人心向背的责任担当。新疆精准扶贫在全国扶贫工作中具有重要意义，扶贫关乎维稳，维稳必须扶贫，要真扶贫、扶真贫，让贫困少数民族群众过上更好的生活，让新疆少数民族群众感受到党的关怀和祖国大家庭的温暖。

习近平总书记对于新疆的扶贫和发展十分关心，多次做出重要指示。2014 年 5 月 28 日，习近平总书记在第二次中央新疆工作座谈会上的讲话中指出："做好新疆工作是全党全国的大事，必须从战略全局高度，谋长远之策，行固本之举，建久安之势，成长治之业。"[①]

2017 年 3 月 10 日，习近平总书记参加十二届全国人大五次会议新疆代表团的审议，在肯定新疆过去一年的工作后提出了一个总目标、三大主要内容，即维护社会稳定和长治久安的总体目标，以维稳、建设、脱贫为三大主要内容。在维护稳定中强调了新疆是我国西北重要安全屏障，战略地位特殊，面临的问题特殊，做好新疆工作意义重大。

要紧紧围绕社会稳定和长治久安总目标，以推进新疆治理体系和治理能力现代化为引领，以经济发展和民生改善为基础，以维护祖国统一、促进民族团结等为重点，坚决维护社会和谐稳定，切实贯彻新发展理念，全力保障和改善民生，不断巩固民族团结，努力建设团结和谐、繁荣富裕、文明进步、安居乐业的中国特色社会主义新疆。

习近平总书记指出："要坚持把维护稳定作为政治责

① 习近平总书记在第二次中央新疆工作座谈会上的重要讲话，2014 年 5 月 28 日。

任，立足抓早抓小抓快抓好，谋长远之策、行固本之举、建久安之势、成长治之业。"①

习近平总书记非常关心新疆的发展建设。习近平总书记指出："要贯彻新发展理念，坚持以提高发展质量和效益为中心，以推进供给侧结构性改革为主线，培育壮大特色优势产业，加强基础设施建设，加强生态环境保护，严禁'三高'项目进新疆，加大污染防治和防沙治沙力度，努力建设天蓝地绿水清的美丽新疆。"②

习近平总书记特别嘱咐："要从稳疆安疆的战略高度出发，紧紧围绕各族群众安居乐业，多搞一些改善生产生活条件的项目，多办一些惠民生的实事，多解决一些各族群众牵肠挂肚的问题，让各族群众切身感受到党的关怀和祖国大家庭的温暖。"③习近平总书记指出："要全面落实精准扶贫、精准脱贫，把南疆贫困地区作为脱贫攻坚主战场，实施好农村安居和游牧民定居工程、城镇保障性安居工程，完善农牧区和边境地区基本公共服务，努力让各族群众过上更好生活。"④

习近平总书记关于扶贫工作的系列重要论述意义重大，为兵团脱贫工作指出了方向：让边疆少数民族群众切身感受到祖国大家庭的温暖，成为兵团扶贫的奋斗目标；

---

① 习近平总书记在参加十二届全国人大五次会议新疆代表团审议时的重要讲话，2017 年 3 月 10 日。

② 习近平总书记在参加十二届全国人大五次会议新疆代表团审议时的重要讲话，2017 年 3 月 10 日。

③ 习近平总书记在参加十二届全国人大五次会议新疆代表团审议时的重要讲话，2017 年 3 月 10 日。

④ 习近平总书记在参加十二届全国人大五次会议新疆代表团审议时的重要讲话，2017 年 3 月 10 日。

精准成为扶贫攻坚的抓手；边疆少数民族扶贫一个都不能少，成为扶贫攻坚的落脚点；推进贫困治理能力的现代化，成为扶贫攻坚的努力方向。

第三节　新疆生产建设兵团的扶贫攻坚

在习近平总书记重要讲话和指示精神指引下，新疆生产建设兵团从维稳戍边的战略高度，结合兵团兵地融合，平时是民、战时是兵的特点，把精准扶贫作为扶贫攻坚的重点，从安边固疆、长治久安谋部署。兵团精准扶贫强调的是扶贫对象的准确、扶贫工作的细致，精准扶贫是粗放扶贫的对照，"精"就是指要针对不同贫困区域环境、不同贫困户状况，运用科学有效的程序，对扶贫对象采取精准识别、精确帮扶、精准管理的治贫方式。所谓"精"，实质是精细，在扶贫工作中，强调对脱贫攻坚的各个环节、各个领域和全部过程都要注重精细。所谓"准"，实质是无缝对接，脱贫攻坚始终要做到扶贫对象精准、项目安排精准、资金使用精准、措施到户精准、因村派人精准、脱贫成效精准，即"六个精准"。一般来说，精准扶贫主要是就贫困人口而言的，谁贫困就扶持谁，谁的贫困程度深对谁的扶持就多，因地因乡制宜、因村因户施策。

为做好扶贫工作，新疆生产建设兵团于 2016 年下发的《兵团党委　兵团贯彻落实〈中共中央国务院关于打赢脱贫攻坚战的决定〉的意见》明确提出："解决好扶持谁、谁来扶、怎么扶和如何脱贫摘帽的'四个问题'，切实提高扶贫成果的可持续性，让贫困团场职工群众有更多的获得感。创新扶贫开发机制，找准扶贫开发路径，由'大水漫灌'向'精准滴灌'转变；创新扶贫资源使用方式，由以主要靠财政投入向整合各方资源投入转变；创新扶贫开发模式，由偏重'输血'向注重'造血'转变；创新扶贫考评体系，由侧重考核贫困团场生产总值向主要考核职工群众生活水平提高和减少贫困人口比例转变。"

2017 年 6 月 14 日，新疆维吾尔自治区党委副书记、新疆生产建设兵团党委书记、政委孙金龙主持召开兵团扶贫开发领导小组全体会议，传达学习习近平总书记在中央政治局常委会会议审议《关于 2016 年省级党委和政府扶贫开发工作成效考核情况的汇报》时的重要讲话精神和汪洋副总理约谈八省相关负责同志讲话精神，研究兵团脱贫攻坚工作。孙金龙要求，要充分发挥脱贫攻坚工作考核的指挥棒作用，确保脱贫攻坚责任层层落到实处。要坚持党政同责、一岗双责、失职追责，党政主要负责同志要亲力亲为，层层压实责任、传导压力。要加强对师（市）党政和贫困团场党委扶贫绩效考核和督查问责，完善考核机制，全面查摆问题，狠抓整改落实，加强宣传引导，推动改进工作方法、机制、作风，提高工作质量，把脱贫攻坚不断向纵深推进。会议还讨论审议了《兵团 2016 年度贫

图1-1 北塔山牧场

（邹青山拍摄，2017年6月）

困团场脱贫摘帽考核的报告》、《兵团实施定点挂钩扶贫工作调整方案》以及《2017年兵团脱贫攻坚工作要点》，兵团扶贫攻坚的决战序幕正式拉开。

第二章

北塔山牧场调研综合报告

第一节　北塔山牧场的总体情况

每当人们茶余饭后谈论起手抓饭、羊肉串、葡萄干、哈密瓜、挺拔的胡杨、天山的冰雪、喀纳斯神话的时候，都会不约而同地说，那里是新疆，祖国的大西北，多民族聚居的大美新疆。但很多人还不知道，在新疆的北段中蒙边境，还有一块璞玉待琢的贫困之地——北塔山。北塔山牧场就是新疆生产建设兵团第六师驻扎的一个以农牧业为主的团场。

一　地理位置

北塔山牧场是距新疆首府乌鲁木齐市最近的边陲牧

场，是新疆哈萨克族人口聚集最多的贫困牧场。从地图上看，北塔山的地理坐标为东经90°16′45″~91°11′18″，北纬43°01′19″~45°31′46″。最高的主峰阿同敖包位于中部，海拔3287米。北塔山海拔1031~3287米，山势中间高，两端略低，北陡南缓，山顶较平，周围大部为平坦沙漠地，从实地考察看，这个高度对人的呼吸影响并不明显。

牧场地处北塔山山体的西段和东北端。南北长52公里，东西宽74公里，辖区总面积2252.8平方公里，其中天然草场2173.9平方公里，占牧场土地总面积的96.5%。①

据有关资料，当地冬季牧草覆盖率为40%~50%，夏季牧草覆盖率为50%~70%，山前戈壁滩地势平坦，严重缺水，牧草覆盖率为20%~30%。

北塔山的名字最早出现在17世纪的《雷纳特地图》上，原名叫"BAI-TAGE"，在当地的哈萨克语中表示的意思是"山峦叠翠"，指这里的环境特征，翻译过来叫北塔格（拜塔格）、拜塔克山、拜山、巴他克山。虽然北塔山有塔，但它的本意与中国的佛塔、道教的宝塔没有任何宗教关系。不过，人们为了与北塔山的"塔"字相呼应，也为了避免在大山中走路迷失方向，就在北塔山入口的山峰上修建了一座水泥的道教宝塔，作为观光的标志性建筑。从此，北塔山与塔就结下了不解之缘。当人们进入山

---

① 资料由北塔山牧场扶贫办提供。

图 2-1 北塔山牧场连队

（沈进建拍摄，2017 年 6 月）

口时，远远就可以看到巍峨的宝塔；站到北塔山上，还可以俯瞰整个库甫小镇。

二　边陲重镇

北塔山牧场在新疆维吾尔自治区东北部，准噶尔盆地东缘昌吉回族自治州奇台县境内，是一个边陲小镇，地理位置十分重要，既是新疆西北的军事要塞，也是维稳戍边的前沿重镇，具有非常重要的战略地位。牧场与蒙古人民共和国接壤，边境线长达 126 公里，是中蒙在新疆最长的边境线，边境线数十公里内是空旷无人区，是通往祖国腹地的咽喉要道，从古至今都是兵家必争之地。

牧场虽然地处边陲，但与新疆内地有畅通的公路连接。场部所在地库甫镇距奇台县的直线距离约 210 公里，距五家渠第六师师部的直线距离约 450 公里。这样一段距离不通火车，主要靠一条公路连接，乘车从乌鲁木齐到牧场需要穿越通古特沙漠，要花费一天时间。虽然北塔山距离乌鲁木齐路途遥远，但与其他边境镇相比，它又是新疆维吾尔自治区内距离省会城市最近的边境小镇，因此，维稳戍边的任务更重。

三 自然条件

北塔山牧场气候多变，生存环境恶劣，是兵团有名的贫困牧场，在新疆生产建设兵团第六师贫困村的名单中，北塔山牧场的贫困严重程度排名第二。

在长达七个小时的行程中，我们课题组深深感受到了"不到新疆不知道中国之大"。从城里到县里路程长达450公里，相当于两个城市间的距离，一路上颠簸起伏，地广人稀，一路上所见的是苍茫的通古特沙漠，寸草不生的戈壁，这里的山川历经千年大漠风沙的侵蚀，到处可见鬼斧神工的奇石怪木，一片塞外大漠、荒野孤烟的景象。当地人形象地形容这里的生活环境："有山没有树，有地没有草，有沟没有水。"恶劣的自然条件造就了这里异常贫瘠的地貌，使得北塔山牧场的脱贫攻坚任务更加艰巨。

（一）有山没有树，土地贫瘠

北塔山牧场位于北塔山北段和东北段山地，属高丘山地。场部以东至中蒙边界线由古老蚀残丘和山间盆地组成，山势低矮，石崖裸露，地形复杂；场部以西为洪水冲积倾斜平原，地势开阔多沟壑，石质化强烈。根据考证，北塔山牧场位于新疆东北部，是阿勒泰山东南支脉，山体呈西、西北—东、东南走向，由东北向西南倾斜，属侵蚀性构造地形。

从实地考察看，北塔山边缘的山路地带由泥盆系轻微变质岩及大成岩组成，向北上升幅度较大，一路顺坡而上，山顶为坦夷准平原遗迹。北塔山地质运动比较稳定，历经剥蚀，形成山体不高的山群。从远望去，好像云雾之中的海市蜃楼，在白云下金光闪烁，苍凉雄浑，呈现一派西域特色。山虽然多，但都是裸露的石山，难见树木，更难见成林成片的苍松翠柏，多是荒山，应了当地那句顺口溜，"有山没有树"。

（二）有地没有草，气候恶劣

我们路过的牧场，一望无际，但大片大片的土地上，生长的都是枯黄的小草，看起来十分荒凉，瘦弱的羊群正在啃食稀疏的牧草充饥。难怪当地人说北塔山牧场是"有地没有草"，牧场虽然土地广阔，但条件艰苦。

"有地没有草"的一个主要原因是北塔山的气候条件不佳。由于北塔山海拔较高，两面是山，中间低洼，形成了一个天然的喇叭形状的风口，全年多风，是我国著名的九大风口之一。每当春季刮风时，就会黄土飞扬，天昏地暗，飞沙走石，枯草树木被连根拔起。在这里很少见到参天大树，蔬菜在这里更难生长。此外，由于地处内陆，远离海洋，四季不明显，冬长夏短，降水稀少，气候干燥，年平均降水量为164.4毫米，年蒸发量为2071毫米，昼夜温差大，气候多变，特别是冷空气在这个地区活动异常频繁，六月天还会飘起鹅毛大雪，山顶的白雪终年覆盖，不利于草场的牧草生长。

6~7月是北塔山的夏季，也是一年之中最好的季节，气候温和，早晚凉爽。仲夏降水多，时常会遇到飘来的阵雨。我们在调研时，就遇到这种奇观，远处白云蓝天，头上的天空却忽然下起了大雨，瞬间又阳光明媚。对内地大城市的人来说，这里的夏天清新凉爽，绝对是避暑的好地方。到了秋天气温开始下降，而且降温非常快。11月，我们去新疆进行对比调研时，真正体验了一把围着火炉吃西瓜的感觉，晚上气温骤降，真的要穿棉袄了。冬天还经常有暴风雪，寒冬是这里最漫长的季节了。为改善基本生活质量，牧场利用这里日照时间长、温差大的特点，建大棚种蔬菜，缓解吃菜难的生活问题。

（三）有沟没有水，水源奇缺

这里的贫困有多方面的原因，水源不足也是该地区贫困的重要原因。资料显示，场区境内有大小河沟20余条，大小泉眼46处。但经课题组考察后发现，这里水量却是严重不足，主要是因为，这里的地貌是砾质戈壁，土地沙化严重，大部分地带被碎石细沙覆盖，不利于土地保墒和耕种。偶尔遇到冰雪融化形成径流时，流经的雪水和降落的雨水，可以把地面冲击出一道道沟壑，但是水要么流走，要么渗入沙地里，形成"有沟没有水"的恶劣生态。我们到连队调研时看到，连队的很多旧房子，都盖在了长期没有水的大沟里。

由于缺水，牧场大片的土地不适宜植物生长和大面积耕种，草原上生长的多是旱生灌木、半灌木及旱生草本植物，稀稀疏疏。据当地人讲，如果不是下雨的话，这里寸草不生。

为解决缺水问题、发展蔬菜种植，在北塔山牧场的草建连附近修建了一个规模不大的水库。利用水库，把天山融化的雪水截流下来，用于浇灌大棚蔬菜和草场，缓解当地居民的蔬菜种植和草场用水问题。我们试了一下从水管流出的浇灌用水，水很凉，据说水质还很硬，不大适合长期饮用。

第二节　北塔山牧场的历史变迁

一　身份转换

北塔山牧场于 1952 年开始建场，从兵团的部队身份转为地方的兵团农垦团场。它的前身是新疆军区后勤部合作总社奇台分社。1953 年 3 月，新疆军区将牧场移交给八一农场，编为"中国人民解放军新疆军区生产建设兵团农业建设第六师八一农场奇台牧场"。由于牧场所占地段位于奇台县的北塔山区，1954 年又更名为农六师北塔山牧场，1975 年与兵团脱钩，归当地昌吉州农垦局管辖，1982 年重建兵团之际，又重新划归第六师管辖至今。[①]

牧场场部所在地是北塔山库甫镇，这里是北塔山牧场的行政中心。北塔山牧场的场部所在地，也是个购物中心，银行、学校、医院、便民店、餐馆等一应俱全。小镇不大，站在广场眺望，正面是北塔山医院，左面是学校，远处是一片新建的居民社区，山的后面是一片工地，可以看到正在开工建设的柏油马路，远处的蓝天飘浮着大团白云，一望无际，非常壮观。

给北塔山牧场带来最大变化的是一条高速公路。由于地处边境偏远地区，长期不通车，4 年前去一趟乌鲁木齐，还要赶着马车、驴车进城，花上 7 天时间才能走到。现在从乌鲁木齐附近的五家渠到北塔山已经修建了一条宽阔的高速公路，2013 年这条北塔山盼望数十年的公路正式开通，一夜之间彻底结束了北塔山交通闭塞的艰难历史。一条公路把地处边境的偏远小镇带入了现代生活，拉近了北塔山牧场与乌鲁木齐大城市之间的距离。

今天我们踏上了这条通往北塔山的"天路"，驱车在通古特沙漠中行驶，宽阔的公路好似无尽的黑色飘带，飘向白雪皑皑的目光穷尽处，亲身感受到交通便利对贫困地区发展的重要。

---

① 兵团内部管理问题研究课题组：《兵团内部管理体制改革：意义、困境与路径选择》，载中共新疆生产建设兵团委员会党校科研处编《求是与创新》（第二辑），新疆生产建设兵团出版社，2008。

二　戍边生产一肩挑

从历史因素看，北塔山牧场主要是在特殊历史背景和特殊条件下建立起来的，戍边守边是牧场最大的政治责任。牧场的主要任务是服从政治需要和军事战略需要，履行兵团屯垦戍边的光荣使命，这是兵团的重要职责。

北塔山牧场自 1952 年成立以来就肩负着屯垦戍边、看护祖国西大门、守卫祖国一百多公里边境线的重任。60 多年来，牧场在极其艰苦的条件下，配合驻军、驻警部队及地方单位共同组成军、警、兵、民四位一体的联防体系，加强在边境线上执勤巡逻，加强边境口岸的安全管理，打击贩卖毒品、偷运武器、走私贩私行为，防止国外敌对势力、国内外民族分裂主义分子的渗透、颠覆、破坏、暴力恐怖等活动。

自建场以来，牧场民兵军事训练从未间断，是共和国永不换防的哨所。20 世纪五六十年代，牧场在经济十分困难的情况下，配合驻军部队在边境线上站岗放哨，维护边境安宁。直到今天，牧场的民兵仍然是屯垦戍边两不误，看护着祖国的西大门，维护着边境地区的安宁和稳定。

北塔山牧场既是戍边团场，又是少数民族聚居团场，在维稳戍边方面实行准军事化管理。牧场的武装部门成立了全脱产的专业民兵小分队（北塔山民兵连），主要由牧场基干民兵、民兵应急排、护边分队组成，根据牧场畜牧连队边防线分布，下设排，经费纳入牧场预算管理范畴。

采取忙时与闲时、集中与分散、政治与军事相结合的方法，对民兵进行军事训练，以应对突发事件，建设边疆，保卫边疆，共同维护边境地区的安宁与稳定。

为更好地履行兵团屯垦戍边的光荣使命，牧场不仅肩负着维稳戍边的重要任务，也肩负着生产生活的重要职能。近几年为帮助地方建设，北塔山牧场接受了奇台县北塔山边境地区的牧民来参与牧场的草场种植和允许他们在牧场放牧，帮助他们脱贫致富。

第三节　北塔山牧场的民族习俗与生活习惯

一　民族习俗

牧场是一个少数民族聚居区，在生活方式、文化传统上都保留了当地少数民族的特色，要了解牧场贫困状况就不能不了解当地的少数民族习俗。

北塔山牧场地处中蒙边境，哈萨克族人口占绝大多数，这里仍然保留着哈萨克民族的传统习俗。

根据相关调查资料，最常见的独具民族特色的景观是"哈萨克毡房"，被称为"草原上移动的家"。哈萨克族自古流传下来的传统节日为"纳吾鲁孜节"。还有哈萨克族青年男子特别热衷的骑马叼羊，这是一项在马背上的激烈角逐，是一场力量和勇气的较量，是赛马和比拼骑术的活动，多在喜庆集会和节日进行。"姑娘追"也是哈萨克族群众喜欢的传统活动，在哈萨克语里称其为"克孜库娃"，这是哈萨克族集会时经常举行的一项马上娱乐活动。这些具有民族特色的活动，都作为旅游项目被保留了下来，成为一种文化品味。

遗憾的是，在我们调研中，没能看到这样丰富的具有民族特色的活动，给我们留下印象最深的不是牧民骑马放牧、挥鞭赶羊，而是他们一个个骑着摩托车，在宽阔的柏油马路上飞驰。这里摩托车已经成为牧民代替马匹的最普通的交通工具和放牧工具了，大多数牧民已经不再骑马放羊，更不再骑马叼羊。如今，每天的娱乐已经被玩手机占据了。我们亲眼看到人人手握手机，打电话，玩游戏。

二 生活习惯

北塔山牧场的哈萨克族牧民很多都保留了独具民族特色的生活习惯，特别是保留了特色的舌尖味道。牧民仍然喜欢烤羊肉、手抓饭、烤馕。这些佳肴中还保留着民族食品的原汁原味。随着民族的交融，新疆食品不断丰富，新疆的特色食品里又增添了大盘鸡、大盘鱼等。随着新疆人口结构的变化，新疆食品多少也吸收了一些湖南、四川的香辣味道，在贫困地区能吃到这些食品算是比较奢侈了。

也许是因为地处偏远，北塔山的宗教氛围较为淡薄，突出的表现是寺庙少。在我们考察的四个连队中没有见到一座清真寺庙，也没有见到哪个哈萨克族妇女包裹黑色头巾。这里的妇女喜欢穿一些红色、绿色的服装，戴长围巾，很多哈萨克族牧民还喜欢穿汉族的服装。

北塔山哈萨克族牧民让我们感受最强烈的是，他们保留了自己的语言文字，他们亲朋好友之间都用本族语言交流。现在小孩子接受汉语教学，上过学的年轻人还可以用汉语和我们进行交流。汉语教学从幼儿园开始，但这里多数人的汉语水平还是不高，上了年纪的人至今不能用汉语进行深入交流。也正是由于语言的差异，他们看起来与汉族干部交流不多，与他们也有一层隔膜。这种状况给我们入户调研带来了很大的麻烦。当然，也会不同程度地给当地识别贫困、精准扶贫带来一些困难。

据了解，"三股势力"在北塔山的渗透对象主要是学生和妇女，他们也可能利用穆斯林定时向麦加方向的礼拜，比如利用日礼（每天五次）、聚礼（每周五午后一次）、会礼（每年两次）等机会进行渗透。据了解，北塔山牧场伊斯兰教氛围较为淡薄，不是"三股势力"的主要渗透地区。尽管如此，我们调研后还是认为，加大汉语教学力度，特别是邀请内地的志愿者来进行汉语教学，将有利于北塔山地区的民族团结和民族融合，有利于帮助少数民族牧民就业脱贫。

第四节　北塔山牧场的致贫原因

北塔山牧场辖区总面积 2252.8 平方公里，其中天然草场 2173.9 平方公里，占牧场土地面积的 96.5%。北塔山牧场是远离城市、地处边境、少数民族聚居的贫困团场，扶贫工作面临的问题多，扶贫任务十分艰巨。经调查了解，牧场贫困的主要原因与艰苦的生存环境密切相关。

一　残疾人比例较高

牧场因病致贫现象突出，在被访的贫困户中，致贫的原因主要是疾病。群众健康保健意识较差，生病后往往不及时就医，小病搁，大病拖，因病因残致贫、加重贫困的现象较为突出。[1]

二　发展水平低

在北塔山牧场 4 个连队的一路调研中，我们看到的多是干枯的草场、荒山、沙石、沟壑，景色苍茫辽阔。牧场的连队散落分布，连队和连队之间距离很远，交通不便。通公路前，牧民世代都生活在一个与世隔绝的环境之中。受这

---

[1] 兵团内部管理问题研究课题组：《兵团内部管理体制改革：意义、困境与路径选择》，载中共新疆生产建设兵团委员会党校科研处编《求是与创新》（第二辑），新疆生产建设兵团出版社，2008。

些自然条件、交通条件、历史条件等制约，北塔山牧场经济发展比较缓慢。牧场草场退化，土地贫瘠，条件艰苦，大部分群众是牧民，以放牧为主，产业结构单一，以传统养殖业为主，生产方式落后，抵御风险能力较弱。

三 经营方式单一

目前牧场的产业结构调整相对滞后，养殖业、种植业发展缓慢，有机牛羊肉的生产优势又不能很好发挥，经济效益难以提升。农牧民缺乏致富项目，增收渠道狭窄。

四 地处边陲

由于牧场地处边疆大风口，受自然灾害影响较重，抵御风险能力较弱。海拔高、土地贫、灾害多，干旱、洪水、冰雹、暴雪、病虫害频发，对牧民脱贫影响极大。[①]

五 基础设施落后

牧场的基础设施比较落后，比如羊圈、牛圈设施非常简陋，多是夯土搭建，难以抵抗暴风雪等自然灾害。由于缺少项目资金，优势资源得不到有效开发，牧民占有或可使用的生产资料较少，难以满足脱贫需要。水资源开发利

---

① 兵团内部管理问题研究课题组：《兵团内部管理体制改革：意义、困境与路径选择》，载中共新疆生产建设兵团委员会党校科研处编《求是与创新》（第二辑），新疆生产建设兵团出版社，2008。

图 2-2　北塔山牧场连队街道

（邹青山拍摄，2017 年 6 月）

用程度还比较低。至今还保留着散养、牧养的习俗，还没有形成现代牧业的养殖规模。

六　内生动力不足

政府多年扶贫，收效明显。但除了受到当地恶劣环境和交通条件的限制，当地哈萨克族牧民在用汉语交流方面存在困难，这严重影响了他们融入现代社会、学习技能、开阔视野，制约了他们转变生活观念、提高生产技能和市场意识以及发展生产能力。部分贫困家庭只能依靠政府救济，很容易形成"等靠要"的思想。

七　牧场群众增收渠道单一

由于自然环境和家庭条件限制，牧场群众增收渠道单一。部分家庭劳动力较少，仅靠饲养几头牲畜维持。同时，北塔山牧场以放牧为主，以圈养为辅，养殖业是这里的主要产业，产业结构单一问题突出，即使扶贫项目建设了养殖小区等来推动养殖产业化，也很难大幅度地提高牧场群众的收入。

第五节　北塔山牧场扶贫的兵团优势

牧场是由兵团改制组建，在组织、管理、任务上带有明显的兵团特色，在生产上又带有牧场经营的特点，依靠市场的运作。

一　兵团的组织建制

北塔山牧场具有明显的兵团特色，在行政管理体制上是党、政、军、企合一的特殊体制。在这个体制下，牧场几套班子，一套人马，交叉任职的情况较为突出；既肩负着维稳戍边的任务，也承担着繁荣富裕、安居乐业的生产发展职能。牧场主要靠行政命令管理经济，用高度的计划控制和集中管理来进行组织机构、人事、财务等内部管理。[①] 牧场组织严密、纪律严明，同时这种特殊社会组织

---

① 兵团内部管理问题研究课题组：《兵团内部管理体制改革：意义、困境与路径选择》，载中共新疆生产建设兵团委员会党校科研处编《求是与创新》（第二辑），新疆生产建设兵团出版社，2008。

拥有部分政府职能，在精准扶贫精准脱贫上具有特殊的优势。牧场的人员构成和组织建制有以下特点。

（一）人员构成

根据牧场人口统计结果，截至 2017 年，全场总人口4021 人，团部人口 918 人，连队人口 3103 人。其中哈萨克族 3738 人，占全场总人口的 93%。在册职工总数 1020人。在职干部 199 人，全场离退休人员 444 人。全场从业人员 1705 人，财政供养人员 466 人。

（二）组织建制

北塔山牧场的军队级别是团级单位，行政级别是县级单位。全场下辖 6 个农牧业连队、2 个事业单位、6 个站所、2 个企业。驻场单位 6 个：边防二团边防营、昌吉州林管站、昌吉州气象局北塔山牧场气象分局、库甫镇边防派出所、国民村镇银行、驻校北塔山小学。建有 1 个团级党委，9 个基层党组织。① 下辖的 6 个农牧业连队，其中 4 个牧业连队靠近边境线，主要从事畜牧业；2 个农业连队与场部距离较远，主要从事农业。

二 北塔山牧场的产业优势

经课题组对牧场经济发展的实地调查了解，近年来牧

① 兵团内部管理问题研究课题组：《兵团内部管理体制改革：意义、困境与路径选择》，载中共新疆生产建设兵团委员会党校科研处编《求是与创新》（第二辑），新疆生产建设兵团出版社，2008。

场发生了巨大变化，北塔山牧场已由昔日偏远落后的小团场，开始向农牧特色的民族新型边陲小镇发展。以下的几组调研数据可以说明兵团的生产能力逐年提升，显示了兵团的产业优势。

2016 年北塔山牧场人均收入由 2010 年的 6000 元增加到 1.2 万元。[①] 牧场的经济增长主要表现在以下三个方面。

一是表现为三次产业产值的变化（见表 2-1）和地区生产总值的提升（见表 2-2）。

表 2-1 2012~2016 年北塔山牧场三次产业产值

单位：亿元，%

年份	产业类别	产值	同比增长率
2012	一产	0.1910	25.60
	二产	0.3430	5.60
	三产	0.2382	22.70
2013	一产	0.1622	−15.08
	二产	0.1398	−59.24
	三产	0.4751	99.45
2014	一产	0.1930	18.99
	二产	0.2526	80.69
	三产	0.5426	14.21
2015	一产	0.1809	−6.27
	二产	0.8783	247.70
	三产	0.7579	39.68
2016	一产	0.1905	5.31
	二产	1.6300	85.59
	三产	0.8606	13.55

资料来源：《北塔山牧场基本情况介绍》。

① 资料来源于北塔山牧场提供的《北塔山牧场基本情况介绍》。

表 2-2　2012~2016 年北塔山牧场地区生产总值

单位：亿元，%

年份	实现生产总值	同比增长率
2012	0.7722	15.30
2013	0.7771	0.63
2014	0.9882	27.17
2015	1.8171	83.88
2016	2.6811	47.55

资料来源：《北塔山牧场基本情况介绍》。

　　二是表现为北塔山牧场利润总体呈增长态势（见表2-3）。

表 2-3　2012~2016 年北塔山牧场利润

单位：万元

年份	利润
2012	382
2013	494
2014	704
2015	1316
2016	800

资料来源：《北塔山牧场基本情况介绍》。

　　三是表现为北塔山牧场人均收入增长向好（见表 2-4），让百姓的腰包实实在在地鼓起来。

表 2-4　2012~2016 年北塔山牧场人均收入

单位：元

年份	人均收入
2012	9654
2013	10130
2014	10047
2015	10025
2016	12000

资料来源：《北塔山牧场基本情况介绍》。

三 牧场的比较优势

北塔山牧场的生态环境如果从总体上来评估，不被看好。但实地考察中我们发现，牧场也有自身发展的比较优势，可因地制宜进一步开发利用。

（一）文化资源的比较优势

牧场有相对丰富的旅游资源，比如，北塔山地域广大，牧场辽阔，空气新鲜，常见蓝天白云，夏季的牧场可以令人感受到天似穹庐、笼盖四野的意境。牧场与乌鲁木齐距离较近，且具有比较鲜明的地方文化特色。比如，可以游览黄羊山、大红山、小红山、大乌拉斯台、恰哈提等自然景点，沿路也可以领略北塔山硅化木、诺敏风城（"魔鬼城"）、石钱滩等地质奇观，以及观赏库甫沟岩画、阿艾提沟岩画、衣尔哈巴克岩画等。

据了解，北塔山牧场已经着手开发自己的旅游资源，开展旅游文化系列观光活动。有中蒙乌拉斯台口岸边防风情一日游，哈萨克民族风情一日游，沙漠荒漠、古战场、山区风光、地质奇观、岩画长廊一日游，弘扬兵团精神、爱国主义教育基地一日游。虽然规模不大，交通成本、保险成本较高，宣传不多，收入不高，但毕竟开创了一条北塔山牧场的脱贫之路。前几年还开通了三条联通牧场的路线：①乌鲁木齐—五家渠（周一、周三、周五、周日发车）—北塔山牧场，②乌鲁木齐（北郊客运站）—奇台县（客福来宾馆）—北塔山牧场，③乌鲁木齐（火车站）—昌吉—奇台县（客福来宾馆）—北塔山牧场。从这些方面看，牧场为脱贫动了脑筋，下了力气，真抓实干。

（二）矿产资源的比较优势

北塔山牧场虽然地表牧草资源相对贫瘠，但是地下资源却十分丰富，体现了新疆地大物博的优势。据当地介绍，已经发现的矿产就有十几种：煤、铁、铬、铜、锡、钼、锂、铍、铌、铀、金等。距北塔山牧场场部以南70公里处有北塔山牧场煤矿，开采方式为露天开采，开采煤种为无烟煤，属于弱黏结煤二号，现有储量700多万吨，位于畜牧三连、恰哈提、乌龙布拉克一带。

已探明有丰富的铜矿、铁矿，储量可达上千万吨。[①]还可以批量生产的建筑用材有花岗岩、石灰岩、建筑用砂等，都是当地脱贫致富的宝贵资源。[②]

在场部正南20公里和场部以北30公里处有新建北塔山牧场5万立方米花岗岩石材加工项目。在场部东南30多公里处，新建北塔山牧场石灰石矿开采及生产加工项目，目前处于待开发状态。

此外还有畜牧资源，牧场牲畜种类较多，畜产品主要有羊毛、羊绒、骆驼绒、羊肉、马肉、牛肉、骆驼肉及各类牲畜的皮张。

① 资料来源于北塔山牧场提供的《北塔山牧场基本情况介绍》。
② 资料来源于北塔山牧场提供的《北塔山牧场基本情况介绍》。

（三）电力资源的比较优势

北塔山是中国九大风口之一，有取之不尽、用之不竭的风力资源，为未来在本地开发风能发电提供了无限的潜力。目前已经开发的资源有华能的风能发电、光伏发电。2017年牧场继续加大招商引资力度，招商引进新能源建设项目15个，总投资90亿元，其中光伏发电项目开发总容量400兆瓦，投资34亿元。

风能发电项目开发总容量800兆瓦，投资56亿元，到2020年这里的发电量可达到60万千瓦时，早已满足北塔山居民的用电需求，并在探索对外输出。从北塔山一路走来，可以看到一望无边的华能大风车，十分壮观，与很多贫困村没电的状况相比，北塔山已经脱贫了。

但是这里的电视和网络通信还比较落后，电视频道不多，网络还停留在3G水平，网速不快。另外，北塔山的水源奇缺，甚至北塔山最繁华的场部库甫的生活用水也难以保障，断水时有发生。如何彻底解决水源问题一直是北塔山的一大难题。

（四）口岸的比较优势

乌拉斯台口岸是北塔山人津津乐道的话题，特别是"一带一路"倡议的提出，使口岸成为璀璨明珠，成为北塔山脱贫致富的梦想和期盼。

乌拉斯台口岸坐落在中蒙边境线上，距离北塔山牧场1个多小时的车程，占地面积不大，是我国对蒙开放的国家一类双边季节性陆路口岸。出于季节性气温变化的原因，每年 5 月、7 月、9 月的 16~30 日为口岸开放时间，每次开放 15 天。

从历史上看，这个口岸随着中蒙关系的变化时开时闭，肩负着双重任务，有时是戍边前线，有时是友谊关口。口岸还没有显现出规模发展势头。自乌拉斯台口岸开关 20 多年来，在中方的努力下，也始终保持着相对稳定的建设，已经累计投资近亿元，完成了新联检大厅建设和口岸区域道路、供电、供水等基础设施建设，不断提升口岸服务能力和水平。

虽然这个口岸规模不大，却是"一带一路"北道的必经之路。乌拉斯台口岸是除了航空口岸之外距离乌鲁木齐最近的口岸，也是经蒙古国通往莫斯科最近的口岸，是中蒙俄经济走廊上的重要通关之道。

1992 年 6 月口岸开放以来，经口岸进口了大量蒙古国的焦煤。昌吉州口岸管理委员会副主任沙家业介绍："焦煤是新疆奇缺的资源，计划每天通过这个口岸进口 60 车 4000 吨焦煤，因口岸离乌鲁木齐非常近，具有一定的区位优势。"[1] 口岸开放后，蒙古国高层迫切希望同昌吉州加强经济贸易合作，合作项目重点是房地产开发、矿产合作开发、果蔬种植、园林绿化、食品加工、水利水电开发等。

随着"一带一路"建设的推进，口岸开始焕发出新的生机。我国对口岸投资建设了贸易交流中心、物流中心和

① 王晓易:《新疆乌拉斯台口岸 5 月 16 日开关　过货量实现历史性突破》，http://news.163.com/17/0518/16/CKNUI399000187VE。

第二章 ——— 北塔山牧场调研综合报告 ——

酒店，投资总额达到 1250 万元。

在"一带一路"的倡议下，口岸也在不断完善设施建设。应该说，未来口岸的发展将给当地经济的发展注入新的活力，有利于盘活带动北塔山整个区域的经济开放和对外发展，为这个偏远的民族地区带来福祉。

第六节　北塔山牧场"十三五"扶贫重点

北塔山牧场为实现"十三五"脱贫目标，从多方面入手，着手重点做好以下几方面的工作。[①]

一　完善扶贫瞄准机制

完善扶贫瞄准机制，创新精准扶贫工作机制。牧场要做到打牢精准脱贫基础，抓好精准识别、建档立卡这个关键环节，继续完善建档立卡工作，对于牧场 360 户贫困户（1443 人）做实做细精准扶贫台账，查清贫困状况，分析贫困成因，摸清脱贫需求，明确帮扶主体，开展定期核查，进行数据更新，实施动态管理。瞄准建档立卡贫困户和贫困人口，因户、因人分类施策，精准落实帮扶资源和措施。

① 资料来源于《第六师北塔山牧场"十三五"扶贫攻坚计划》。

二 依托优势资源

依托优势资源，加快推进产业脱贫及就业转移脱贫。实现优势资源转换，大力开发风能发电和光伏发电产业。通过收取资源补偿费和返还税收，以财政转移支付的方式予以补助，给牧民用于脱贫和发展生产，解决牧民脱贫过程中普遍存在的"缺资金"问题。同时利用光伏和风电企业的入驻，将牧场连队一部分富余劳动力转移到企业中打工，解决贫困群众收入低的问题。

三 促进多元增收

扶贫攻坚的关键是解决贫困地区的增产增收问题，创造内生动力。北塔山牧场把积极培育职工多元增收作为扩大脱贫范围的主要途径，采取的做法主要有以下几点。

一是优化牧场农牧业产业结构。加强牧场饲草料基地建设，逐渐改变牧场牧民逐草而居的放牧习惯，采取圈养模式并形成规模，增加每年牲畜出栏量，增加牧场贫困群众收入。整合资源重点发展养殖业，拉动一批建档立卡贫困户参加养殖合作社，加强合作社建设和管理力度，建立"牧场＋公司＋连队＋农牧户＋合作社"的模式。农牧业连队通过流转土地、支持个人创业以及发展养殖业、运输业、服务业、民族特色餐饮业等方式拓宽增收渠道，增加贫困户家庭收入。利用草建连水源相对丰富的优势，发展饲草料基地，兴建蔬菜大棚，在解决牧场蔬菜稀缺问题的同时帮助草建连贫困户脱贫。

二是发展第三产业，大力培育旅游业。随着牧场基础设施配套的逐步完善，特别是国道 G331 线的建设和乌拉斯台口岸的建设，人流、物流将逐年增加，旅游业也将进入快速发展期。新建和开办旅游接待点、民族特色农家乐、连队的农贸市场、小商店、维修店、小饭馆等，解决牧场贫困群众就业问题，增加他们的收入。发展第三产业将成为脱贫的另一条重要途径。

三是加大劳务输出力度和技术服务力度。在牧场和连队成立劳动力输出办公室，安排专门工作人员，与其他需要劳动力的企业联系，有计划、有组织、有目的地输出富余劳动力。鼓励和引导牧场贫困职工群众利用冬闲时间外出务工。农一连、农二连位于山下，连队贫困户的土地大多对外承包，每年收取一定承包费的同时还可以外出打工，提高贫困户的收入。

四是加大"冬培"力度。为提高牧场职工队伍的技能水平，配合牧场产业结构的调整，牧场在"十三五"期间利用冬春闲暇时间，有针对性地开展畜牧养殖、温棚种植等专业培训。对因"缺技术"致贫的建档立卡贫困户进行专业培训，解决贫困户"缺技术"的问题。

五是加大财政性补贴力度。认真落实良种补贴、草原生态补贴等惠农优惠政策。牧场六届六次党委扩大会议决定，2016 年计划筹集资金 1300 万元作为精准扶贫启动资金，加大对牧场贫困户的补贴力度。

六是落实医保社保。落实牧场合作医疗、社会养老保险、最低生活保障制度兜底等政策性保障，确保牧场建档立卡贫困户及所有符合条件的职工群众都能享受到优惠政策。

七是着力实施教育脱贫。进一步完善寄宿制学校配套设施，提高在校生生活保障水平。积极发展幼儿教育，加大幼儿教育投入，完善北塔山幼儿园建设项目并做好配套设施建设。继续实施"一对一"帮扶工程。坚持计划内援助和计划外帮扶相结合，大力实施教育扶贫，采取政府补助、社会帮扶等形式，帮助因学致贫的贫困户脱贫。

八是加快交通、水利等基础设施建设。改善贫困户生产生活条件，积极申请上级资金，推进交通设施建设；加大牧场水资源开发和水利工程建设力度，解决牧场饮水安全问题，提高饮用水安全达标率。从而在基础设施建设和改善民生上给贫困户提供保障，改善贫困户生活水平，加快贫困户脱贫进程。[①]

第七节　北塔山牧场扶贫蓝图

消除贫困、改善民生、实现共同富裕是社会主义的本质要求，是我们党的重要使命；对困难群众要格外关心，格外爱护，千方百计帮助他们排忧解难，是兵团扶贫的责

① 资料来源于《第六师北塔山牧场"十三五"扶贫攻坚计划》。

任担当。扶贫是当代的民心工程,做好精准扶贫,就能赢得人心;赢得人心,就能维护社会稳定;社会稳定,就能促进经济发展、民族团结、人民安居乐业。因此,扶贫一个也不能少,在扶贫中少数民族一个也不能少。

基于这样的理念,北塔山牧场十分重视牧场的扶贫工作,并且在开展扶贫工作的过程中注重处理好扶贫与维稳的辩证关系;扶贫有助于维稳,维稳才能脱贫,没有扶贫也不能保障稳定,没有稳定也不可能脱贫。扶贫既是民心工程,也是维稳工程。正是出于这样的扶贫理念,北塔山牧场严格按照师市党委、师市扶贫开发领导小组的扶贫开发工作思路,全面贯彻扶贫开发工作会议精神,落实《兵团党委 兵团贯彻落实〈中共中央国务院关于打赢脱贫攻坚战的决定〉的意见》要求,为缩小贫富差距、促进共同富裕、实现全面建成小康社会的宏伟目标,对脱贫攻坚做出了5年战略部署,做到有计划、有资金、有目标、有措施、有检查,强化责任落实,做好"回头看"工作。

一 扶贫有部署

扶贫部署要从以下四个方面找抓手、下功夫。

(一)精准到户

在"十三五"的扶贫部署中,牧场首先按照师市领导的统一要求,确定脱贫人数。根据兵团有关安排、师市有关部署,每个扶贫连队根据连队贫困户的实际情况,制定出相应的扶贫方案，确保扶贫工作因户施策、因人施策、精准到户。

（二）落实责任

为确保牧场贫困人口按期脱贫，牧场成立扶贫开发工作领导小组，特别强调扶贫的责任制，由牧场主要领导担任小组组长，各科室负责人为小组成员，紧抓扶贫攻坚任务。同时，牧场领导及各科室负责人和相关的扶贫连队挂钩，使扶贫工作更加精准化、责任化，牧场扶贫小组定期召开扶贫专题会议，及时了解扶贫工作的最新情况。

（三）做好计划

制定北塔山牧场"十三五"扶贫攻坚计划，完成牧场扶贫开发"五图三账"。2016~2019年逐步完成脱贫计划，2020年巩固脱贫成果，防止出现返贫现象。

（四）监督考核

完善扶贫工作制度措施，将扶贫开发工作纳入牧场绩效考核之中。

二 扶贫有计划

由于牧场所处特殊的地理位置以及受自然条件的影响，扶贫工作依然任重而道远。确保如期脱贫，任务艰巨而繁重，牧场不仅对扶贫做出了详细的战略部署，也制定了

"十三五"扶贫攻坚计划，具体指导扶贫工作。这个计划针对牧场民族特点和地缘特点，经研究出台，充分体现了兵团的组织能力、理论水平、特殊优势，以及扶真贫、真扶贫的务实精神。

牧场扶贫的基本思路是：利用牧场"十三五"期间的发展契机，依托优势资源，迎接挑战，抓住机遇，围绕"四个全面"战略布局，牢固树立五大发展理念，以补齐扶贫开发短板；从"十三五"初期到"十三五"中期，加大扶贫攻坚力度，落实各项扶贫政策，力争完成各项扶贫目标；从"十三五"中期到"十三五"末期，继续加大扶贫攻坚力度，同时总结扶贫工作中遇到的各项问题并予以解决，巩固扶贫成效，确保 2020 年贫困人口全部脱贫。

三 扶贫有抓手

牧场扶贫以建档立卡工作为核心，紧盯重点，狠抓落实，做了大量工作，取得了阶段性成果。

（一）抓建档立卡

根据调查收集的资料，北塔山牧场是从 2014 年开始建档立卡工作的，为此做了大量的前期工作，识别、认定了牧场的贫困户 360 户 1443 人，其中国家级贫困户 113 户 470 人，兵团级贫困户 247 户 973 人。[①]

① 资料来源于《第六师北塔山牧场"十三五"扶贫攻坚计划》。

（二）抓扶贫落实

2016年牧场落实精准帮扶措施，坚持扶贫对象精准、项目安排精准、资金使用精准、措施到户精准、因连派人精准、脱贫成效精准，即"六个精准"，通过发展生产、政策扶持帮助牧场贫困户脱贫。

（三）抓扶贫重点

2016年牧场通过实施精准扶贫，取得了一定成效，但受到多种因素的影响，扶贫工作依然艰巨而繁重。为确保牧场实现按期脱贫，接下来的重点是着手做好以下三个方面的工作。

一是认真贯彻上级扶贫文件要求，严格按照师市党委、师市扶贫开发领导小组的扶贫开发工作思路，结合牧场贫困实际，落实扶贫攻坚计划，做好扶贫开发工作，使扶贫工作更上一个台阶。

二是继续开展建档立卡工作，落实扶贫到户政策，对国家扶贫规划标准下的扶贫对象的信息进行统计分析，精确制定扶贫指标，加强对扶贫对象调查、审核的工作，完善扶贫开发工作的管理机制。

三是争取社会各界人士对牧场的定点对口帮扶，进一步完善定点对口帮扶机制；动员社会各界人士、民营企业参与牧场的扶贫工作，使全社会都关心、支持扶贫开发事业。

第八节　北塔山牧场扶贫落实情况

一　建档立卡扶真贫

建档立卡是扶贫的基本功，是需要首先做好、做实、做准的功课。为此，北塔山牧场根据《兵团贯彻落实〈关于创新机制扎实推进农村扶贫开发工作的意见〉实施方案》和《兵团扶贫开发领导小组办公室关于开展贫困户识别有关工作的通知》精神，从 2014 年起开始落实建档立卡工作。

为保障师市扶贫开发建档立卡和信息化建设工作的顺利推进，牧场根据《第六师扶贫开发建档立卡工作方案》要求，成立了北塔山牧场扶贫开发建档立卡和信息化建设专项工作领导小组，开展了牧场建档立卡工作，他们的经验主要包括以下几个方面。

（一）统一建档立卡

牧场建档立卡工作目标是通过建档立卡，对贫困户进行精准识别，了解贫困状况，分析致贫原因，摸清帮扶需求，明确帮扶主体，落实帮扶措施，开展考核问效，实施动态管理。同时，分析掌握扶贫开发工作情况，为制定有效扶贫开发措施、强化考核提供依据。

（二）统一识别方法

牧场根据师市下达的指标数量，将贫困人口识别规模逐级分解到各连队。贫困户识别要以家庭收入为基本依据，综合考虑住房、教育、健康等情况，通过个人申请、民主评议、公示公告和逐级审核的方式整户识别。

（三）统一识别标准

以2013年农牧民家庭人均纯收入4163元（相当于2010年3500元不变价）为识别标准，统计2013年农牧民家庭人均纯收入4163元以下的贫困人口。同时，对2013年农牧民家庭人均纯收入2736元（相当于2010年2300元不变价）以下的贫困人口进行分类统计。

（四）统一审核

由北塔山牧场扶贫开发建档立卡和信息化建设专项工作领导小组统一组织，6个基层连队经个人申请、职工大会民主评议形成初选名单，由基层单位核实后进行第一次公示，公示无异议后报牧场审核。具体程序分三步走。

首先，以家庭为单位由户主向自己所在连队提出书面申请。其次，连队组织召开职工大会，以户为单位综合考虑住房、教育、健康等情况，通过民主评议形成初选名单。最后，连队民主评议过程要有完整书面记录。

（五）统一公示

牧场对基层单位上报的初选名单进行审核，确定全场贫困户名单，在各连队进行第二次公示，经公示无异议后报师市扶贫开发领导小组复审，复审结束后在各个连队公告，公告无异议后确定贫困户名单。

（六）精准识别

贫困户识别工作要严格按照工作流程进行，做到"两公示一公告"，要有相关记录和档案资料，要全程公开，接受监督，确保结果公正。严禁优亲厚友，严禁提供虚假信息，严禁拆户、分户和空挂户，杜绝平均分配。

（七）确定目标

通过以上工作要求，牧场在 2014 年确定了贫困户 360户 1443 人。

二 "六个精准"有部署

牧场还根据兵团的要求，部署落实中央提出的"六个精准"扶贫。2015 年、2016 年中央和兵团分别召开了扶贫开发工作会议，出台了《中共中央国务院关于打赢脱贫攻坚战的决定》和《兵团党委 兵团贯彻落实〈中共中央国务院关于打赢脱贫攻坚战的决定〉的意见》，对未来五年的扶贫开发工作进行了全面安排部署。按照要求，牧场开始对"六个精准"进行了新的部署。

（一）部署要求

围绕认真落实中央"六个坚持"基本原则，着力解决好"扶持谁""谁来扶""怎么扶""如何退"四大问题，坚持做到扶贫对象精准、项目安排精准、资金使用精准、措施到户精准、因连派人精准、脱贫成效精准，即"六个精准"。

（二）扶贫责任

牧场继续加大精准扶贫的力度。由牧场党委承担主体责任，政委和场长任第一责任人，负责制定精准脱贫攻坚计划，制定精准扶贫实施方案。

（三）项目安排

做到项目安排合理、资金来源清楚，扎实开展精准扶贫方案制定、进度安排、项目落地、资金使用、人力调配、推进实施等工作。

（四）扶贫工作管理

做到"五张图"，即贫困对象分布图、任务进度分解图、致贫原因反映图、计划措施细致图、年度进出动态图。

做到"三本账"，即贫困职工群众脱贫计划进度账、脱贫措施办法账、脱贫帮扶责任账。

切实做到一户一本台账、一户一个脱贫计划、一户一套帮扶措施，落实"一户一策一干部"。

三 扶贫项目有方案

（一）投资扶贫方案

2016 年初，师市确定新疆新农现代投资发展有限公司为北塔山牧场帮扶单位，牧场党委研究决定向该公司确定帮扶项目：①出资 600 万元作为帮扶资金；②通过每年 12% 的分红发放给牧场 300 户贫困户；③确保贫困户每年增收 2400 元，帮助贫困户脱贫。

（二）金融扶贫措施

2016 年 9 月，兵团扶贫开发领导小组与中国农业银行签订了金融扶贫合作协议，向贫困户提供扶贫资金，由牧场将扶贫资金以贷款形式折股量化给贫困户，作为贫困户的股份。

（三）增收扶贫方案

（1）引导群众多元增收，多方面开拓脱贫途径，优化农牧业产业结构，大力发展饲草料基地。

（2）整合资源促进养殖业发展，拉动一批建档立卡贫困户参加养殖合作社，加大合作社建设和管理力度。牧场各连队都成立了养殖合作社，各连队贫困户通过加入养殖合作社实现增收。

（3）落实财政性补贴，保障贫困户基本生活。落实良种补贴、草原生态补贴等惠农优惠政策。

（4）转移富余劳动力，促进职工增收。牧场积极推动年轻劳动力输出，鼓励年轻人外出打工增收，通过促进转移就业来增加收入。

（5）多方面争取政策扶持，多渠道帮扶贫困职工。牧场鼓励和扶持职工创业创新，定期举行"双创"职工教育培训班，为牧场职工申请双创扶贫资金；积极开展"金秋助学"活动，全力实施"金秋助学"工程；为牧场群众申请无息、贴息贷款，大病救助资金，以及春节帮扶资金。

（6）增加就业机会，提高经济收入。新增公益性岗位，优先安排贫困户就业；扩大护边员队伍，提高补助标准。

（7）完善牧场基础设施建设，努力发展三产服务业。经过这两年的建设，牧场基础设施得到飞速发展，主要建设项目有综合服务楼、文化活动中心、保障性住房、双语幼儿园、医院、北塔山大酒店。

这些建设的落成吸引了一大批来牧场旅游的游客，良好的基础设施为游客提供了舒适的旅游环境。随着外来游客的增多，越来越多的贫困户在场部及连队开办经营商店、饭馆、修理部，在带动牧场经济发展的同时，也增加了牧场贫困户的收入。

（8）确保牧场社会稳定，长治久安，做好"民族团结一家亲"工作。我们从调研中还了解到，牧场除了从硬件方面扶贫脱贫外，还根据兵团的特殊使命，把"民族团结一家亲"的扶贫活动纳入兵团的扶贫工程。通过扶贫，促进民族团结，增加凝聚力和向心力。

全面贯彻落实党的民族政策，紧紧围绕社会稳定和长治久安总目标，充分发挥兵团"稳定器"、"大熔炉"、示范区作用。北塔山牧场组织机关各部门、连队领导召开"民族团结一家亲"活动动员大会，同师市机关结对部门认真对接，制定下发了《北塔山牧场开展"民族团结一家亲"活动的实施方案》。牧场与师市国土资源局、水利局、建设局、教育局、"两办"等师市相关单位完成结对认亲工作。通过"民族团结一家亲"活动，加强了各民族交流交融，促进了各民族和睦相处。积极开展"一对一结对认亲"，解决贫困群众生产生活中的实际困难。把"民族团结一家亲"活动与扶贫工程有机地结合起来，起到了很好的效果，凝聚了民心，得到少数民族贫困群众的好评。

第九节　北塔山牧场扶贫有纪律、有检查、有监督

一　扶贫纪律监管措施

通过以上精准扶贫，牧场扶贫工作取得了一定成效，但由于牧场所处特殊的地理位置以及受自然条件的影响，扶贫工作依然任重而道远。为确保牧场实现按期脱贫及认

真贯彻落实中央纪委扶贫领域监督执纪问责工作电视电话会议精神，组织各级加大扶贫领域问题查处和通报曝光力度，努力为打赢脱贫攻坚战提供纪律保障，牧场采取了以下监管措施。

（一）文件贯彻监管

认真贯彻新兵党发〔2016〕5 号文件要求，严格按照师市党委、师市扶贫开发领导小组的扶贫开发工作思路，从牧场贫困实际出发，加快脱贫攻坚步伐，使扶贫工作更上一个台阶。

（二）数据监管

开展建档立卡工作，落实扶贫到户政策，对国家扶贫规划标准下的扶贫对象的信息进行统计分析，构建精确的扶贫指标，加强对扶贫对象调查、审核的工作，完善扶贫开发工作的管理机制。

（三）财务监管

做好财政扶贫资金的管理工作，保证扶贫资金"不挪用、不滥用、用则必实"，切实使财政扶贫资金用到该用的地方。同时，完善牧场管理机制，提高牧场自筹资金的能力。

（四）服务监管

根据兵团规定贫困团场退出指标构成要求，加强牧场基础设施建设，发展民生（教育、医疗）事业、公共服务业。

（五）基础工程监管

尽快完成牧场新型建筑材料房屋建设以及草建连内部道路、畜牧一连—夏草场道路等通连（草场）道路建设。

（六）民生工程监管

在基础设施建设和民生建设方面给贫困户提供保障，完成有线电视工程项目，推动库甫镇环境治理工程，改善贫困户生活水平，加快贫困户脱贫进程。

二 "回头看"检查补漏洞

"回头看"是根据精准扶贫精准脱贫的要求而制定的一个后续检查办法，解决扶贫中一些地方出现的扶贫"水分"问题，即假扶贫、数字扶贫、被脱贫等问题。具体办法是，以完善截至2015年底扶贫对象建档立卡数据为基础，挤出"水分"，查漏补缺，全面了解牧场贫困状况，找准对象，准确掌握贫困户致贫原因，摸清帮扶需求，明确帮扶主体，重点解决好"扶持谁""怎么扶""谁来扶"的突出问题。2015年根据《兵团扶贫开发领导小组关于开展建档立卡"回头看"数据清洗更新工作的通知》精神，牧场制定了《北塔山牧场扶贫开发领导小组关于开展建档立卡"回头看"数据清洗更新工作的通知》，下发到各连队，要求严格按照通知的相关要求做好各项工作，通过以下十个步骤做好"回头看"。

一是找准问题。深入调查，找准扶贫的难点。

二是拉网普查。在原有建档立卡数据的基础上，开展一次地毯式、拉网式全面普查，彻底把精准扶贫对象、致贫原因搞准搞实。通过对牧场360户建档立卡贫困户"回头看"数据清洗更新工作，解决好"扶持谁"的问题。具体做法是按照2015年贫困户识别标准，对360户建档立卡贫困户的数据重新进行检查和更新，解决了标准把握不合理、没有严格执行"两公示一公告"等工作程序造成的扶贫对象不准、致贫原因不清的问题。

三是搞清脱贫需求。通过"回头看"数据清洗更新工作，逐步摸清牧场360户贫困户2015年的基本情况和脱贫需求，解决好"怎么扶"的问题。

四是发现问题。牧场扶贫开发领导小组利用此次数据清洗更新工作，到各连队与作为帮扶责任人的连队书记一起对所在连队的贫困户进行摸底调查，发现2015年牧场各连队贫困户相比2014年有所减少，人均纯收入相对提高。发现缺少资金、患病、缺少劳动力以及生产力制约等依然是影响贫困户脱贫的主要原因。有些贫困户家庭成员常年生病，家庭年收入大部分用来看病，导致生活困难；有些贫困户家庭成员较多，尤其是孩子多，一年下来学费、生活费开支较大；有些贫困户家庭成员较少，劳动力少，生产发展受到制约。

五是提出办法。加大对这些贫困户相应的政策扶持力度，加大医保和低保政策扶持力度，建设公共基础设施，提高贫困户生活水平。

六是健全帮扶机制。通过"回头看"数据清洗更新工作，牧场进一步健全帮扶机制，落实"一户一策一干部"的帮扶责任。全场贫困户由牧场领导作为帮扶人，连队的贫困户由连队第一书记作为帮扶人，场直各单位的贫困户由其所在单位的主要领导作为帮扶人，突出解决好"谁来扶"的问题。杜绝帮扶责任流于形式、帮扶效果差、贫困户帮扶责任人落实不到位、帮扶措施不到位等问题。

七是完善指标数据。通过"回头看"数据清洗更新工作，进一步完善建档立卡指标体系，对建档立卡贫困户信息系统中空项、漏项、错误数据进行完善，建立扶贫开发大数据分析应用平台。

八是更新档案。通过"回头看"工作，对建档立卡的贫困户的信息进行更新完善，对其间人员变化、人均纯收入、致贫原因等重要数据进行核实修改，确保建档立卡贫困户数据的准确性和真实性。

九是修正扶贫标准。2015年兵团贫困户识别以4500元（相当于2010年3500元不变价）为标准，其中国家贫困标准为2900元。

十是检查"回头看"效果。一方面，从增收情况看，2016年牧场自筹600万元作为扶贫资金，入股师市龙头企业，通过收取分红共计给建档立卡贫困户发放扶贫分红资金72万元。另一方面，从脱贫效果看，2016年末通过"回头看"工作，牧场重新对贫困户的收入及生活情况进行调查，经统计牧场贫困户从 2014 年的 360 户 1443 人变为 288 户 1146 人。

三 扶贫脱贫五级监督

为做好精准扶贫，牧场对扶贫工作进行了深入细致的调查、摸底、走访，根据牧场的实际情况，制定出了一套行之有效、可复制、可实施的五级精准扶贫监管措施。

一是扶贫脱贫监管措施。牧场根据贫困户的贫困状况及致贫原因，对扶贫措施的实施和脱贫成效进行动态监管。牧场扶贫办会同场纪检部门、统计部门定期下连队对贫困户帮扶进展情况及脱贫成效进行监督检查。

二是返贫监管措施。对于贫困户脱贫后出现返贫现象，牧场扶贫办与纪检部门、统计部门进行入户调查，根据其收入及生活情况确认其是否真为返贫户。若返贫被确认，则重新将其纳入贫困户范围，做到"一户一本台账"，根据其返贫原因制定帮扶措施，同时对其家庭进行动态监管。

三是连队监管措施。对贫困户的基本情况，连队要随时进行跟踪监管。制定好贫困户脱贫方案后，连队要定期入户了解帮扶进展情况，帮助贫困户解决脱贫过程中遇到的困难，及时向牧场反映帮扶进展情况。定期走访脱贫户，及时了解脱贫户的生产生活情况。对出现返贫的现象要高度重视，要进行入户调查，分析返贫原因，形成书面材料上报牧场并提出可行的帮扶措施。

四是第三方监管措施。牧场扶贫开发领导小组委托有关科研机构和社会组织，对贫困户脱贫成效采取专项调查、抽样调查、贫困群众满意度调查和实地核查等方式进行评估，判定脱贫成效。

五是治理假扶贫、数字脱贫、被脱贫措施。牧场坚决杜绝出现假扶贫、数字脱贫、被脱贫的情况。牧场将严格按照扶贫绩效考核评估制度，用好第三方评估、交叉考核等办法，坚决防止和克服层层加码、急躁冒进和数字脱贫、假脱贫、被脱贫等官僚主义和形式主义现象。做到脱贫工作务实、脱贫过程扎实、脱贫结果真实，确保贫困退出真实可信，经得起历史和实践的检验。牧场扶贫办、纪检监察部门、统计部门定期下连队对扶贫工作进行监督调查。对扶贫工作中存在的假扶贫、数字脱贫、被脱贫问题要严肃处理，对相关负责人进行诫勉谈话，情节严重者给予相关处分。

第三章

北塔山牧场连队扶贫调研分报告

在牧场的安排下，我们分别对扶贫重点连队畜牧一连、畜牧二连、畜牧三连和草建连这四个连队进行调研，并报告如下。

第一节　畜牧一连情况调查

畜牧一连位于北塔山牧场东北部，坐落在库甫沟同阿克萨依沟交会处，距离场部 10 公里，是维稳戍边的前哨连队，也是第六师北塔山牧场人口较多、草场面积较大的基层连队。

一 基本情况

连队土地面积为 80 万亩，可供放牧面积 78 万亩，共分为春、夏、秋、冬四季草场，整体放牧区为天然草场，连部驻地设在库甫沟上游。全连总户数 162 户，全连总人口 587 人，有长期居住户 120 户，职工 119 人，连队干部 5 人，护边员 44 人，贫困人口 280 人。

二 连队经济情况

截至 2016 年 9 月，牲畜头数为 17401 头，其中绵羊 14500 只，山羊 1500 只，骆驼 178 峰，马 503 匹，牛 720 头。牧业收入 1798200 元，运输收入 10000 元，开商店收入 30000 元，打工收入 201000 元，挖药收入 91000 元，工资性收入 4749167.9 元。全连预计完成生产总值 7586767.88 元，同比增长 0.8%；实现人均年收入 12924.65 元，同比增长 1.1%；职工人均年收入 55377.86 元，同比增长 1.6%。参加合作医疗保险 191 人，已交合作医疗保险 120 人，未交合作医疗保险 71 人。参加居民养老保险 95 人，已交 70 人，未交 25 人。2017 年新增退休人员 9 人，新安排工作的有 10 人。

三 医疗保障

2016 年卫生室管理了畜牧一连公共卫生三大类 12 项

工作，采取了发放宣传材料、开展健康宣教、设置宣传栏等方式，针对重点人群、重点疾病和主要卫生问题及危险因素开展健康教育和健康促进活动。协助牧场医院推进全民健康体检工作，建立家庭健康档案 400 份；为全连的高血压、2 型糖尿病等慢性病患者建立健康档案，开展高血压、2 型糖尿病人的慢性病随访管理、康复指导工作，掌握高血压、2 型糖尿病等慢性病发病、死亡和现患情况；登记管理 65 岁以上老年人 10 人，并及时将相关基本信息报送牧场医院。2016 年卫生室门诊量 400 余人次，输液 100 余人次。

此外，全年为适龄人群进行了脊髓灰质炎和麻疹、流脑疫苗等预防接种，接种量 100 余人次，全面完成上级交予的各项工作任务。积极做好妇幼保健知识宣传和宣教工作，协助开展妇科常见病、多发病诊治工作及儿童的健康体检。

连队还严格按照师市卫生局、牧场医院的工作要求，为职工提供基本医疗服务，抓好"预防为主"，开展防治工作，并做好门诊治疗，严格、准确地完成门诊逐日登记。认真开展门诊工作，做到举止庄重，态度和蔼，工作服、胸牌穿戴整洁，严格按照执业许可证上的执业范围规范执业活动。

四 致贫原因及难点

一是资金紧缺，土地贫瘠，难以发展种植业，只能发展畜牧业，创收手段少；二是贫困人口分布广，居住偏远，交通不便，通信网络覆盖率低，基础设施建设滞后；三是自然灾害频发，生存环境恶劣。

第二节　畜牧二连情况调查

畜牧二连位于北塔山牧场东北部，距离场部 30 公里，是牧场较为边远的一个牧业连队。

一　基本情况

全连草场共 72.4 万亩，共分为春、夏、秋、冬四季草场，整体放牧区为天然草场，连部驻地设在库甫沟下游。连队总户数 128 户，全连总人口 470 人，有长期居住户 78 户，贫困人口 167 人。

二　连队经济情况

截至 2016 年 9 月，牲畜头数为 18713 头，其中绵羊 15235 只，山羊 1765 只，骆驼 490 峰，马 503 匹，牛 720 头。牧业收入 1873543 元，运输收入 19420 元，开商店收入 28746 元，打工收入 285000 元，挖药收入 147000 元，工资性收入

4668290元。全连预计完成生产总值8256872.27元，同比增长1.6%；实现人均年收入13655.24元，同比增长1.7%；职工人均年收入62587.74元，同比增长1.8%。参加合作医疗保险178人，其中已交合作医疗保险135人，未交合作医疗保险43人。参加居民养老保险99人，其中已交70人，未交29人。2017年新增退休人员7人，新安排工作的有6人。

三 医疗保障

2016年畜牧二连卫生室门诊量670余人次，急诊120人次，输液、打针100余人次，没有发生过一起因救治不及时而引起矛盾的事件。完成预防集中疫苗计划免疫接种工作，接种量102人次。有能力及时发现、报告各种传染病和转诊肺结核患者。力争做到"早发现、早报告"。连队65岁以上老年人体检服从牧场医院统一安排，建立健康档案。截至2016年12月31日，建立了300人健康档案，管理了高血压病人13人，糖尿病人3人，65岁以上老年人13人。

四 致贫原因及难点

一是牧场土地贫瘠，难以发展种植业，只能发展畜牧业，加上资金紧缺和创收手段少，容易致贫；二是牧场的贫困人口居住分散，连队扶贫成本较高，同时通信网络覆盖率低，基础设施建设滞后；三是自然灾害频发，生存环境恶劣。

第三节　畜牧三连情况调查

畜牧三连位于北塔山牧场东北部，距离场部 32 公里，地处中蒙边界最前沿，与阿尔泰地区青河县、富蕴县毗邻。

一　基本情况

畜牧三连土地面积为 80 万亩，可供放牧面积 78 万亩，共分为春、夏、秋、冬四季草场，整体放牧区为天然草场，连部驻地设在王屋珠尔特，连队有干部 7 人。2016 年，连队有长期居住户 127 户，共划分为 3 个小区，每个小区设有区长。2016 年全连总人口 478 人（2015 年为 472 人）；职工 84 人（2015 年为 97 人），其中男性 60 人，女性 24 人；中共党员 25 人，团员 35 人。畜牧三连共有 47 户贫困户，贫困原因包括缺技术和缺资金。

二　连队经济状况

2016 年牲畜存栏数为 16254 头（2015 年为 11734 头），较上年增加 4520 头。其中绵羊 12082 只（2015 年 9023 只），较上年增加 3059 只；山羊 2928 只（2015 年 1898 只），较上年增加 1030 只；骆驼 93 峰（2015 年 107 峰），较上年减少 14 峰；马匹 514 匹（2015 年 318 匹），较上年增加

196 匹；牛 637 头（2015 年 423 头），较上年增加 214 头。2016 年职工人均年收入 10800 元，连队人均年收入 7545 元。

三　医疗保障

一是建立居民健康档案。畜牧三连卫生室协助牧场医院共建立健康档案 320 份，其中高血压管理档案 34 份，糖尿病管理档案 4 份，新建儿童保健管理档案及老年人管理档案 27 份。

二是健康教育。畜牧三连紧紧围绕公共卫生服务项目，以预防、保健、慢性病人管理为重点开展健康教育。在卫生室门前醒目位置设立宣传栏，根据上级工作要求及不同季节特点进行健康教育宣传。

三是预防接种。为辖区内 0~6 岁儿童办理预防接种证和接种卡，2016 年全面推进预防接种门诊工作，保障畜牧三连儿童能及时进行预防接种，接种率为 100%。

四是全面健康体检。协助牧场医院对畜牧三连居民实行健康体检，2016 年老年人健康体检年度完成率达到 74.6%。

四　致贫原因及难点

一是北塔山牧场畜牧三连属于纯牧业连队，畜牧业收入之外的其他收入几乎没有。

二是近年来，牲畜价格较低、销售困难大，加之近年来草场气候恶劣，畜牧业发展缓慢，牧民收入大幅降低。

三是因秋季国防公路全线封闭，将牧民唯一转场的路线封死，给牧民夏季转场和秋季转场带来了很大的困难，牧民最大的心愿就是另开一条转场牧道，便于牲畜转场。

第四节　草建连情况调查

北塔山牧场草建连成立于 1952 年，距离场部 16 公里，是农牧结合的哈萨克族聚居连队。

一　基本情况

全连在册居民 106 户（其中含搬迁清河县 1 户、奇台县 1 户、昌吉州 1 户和五家渠市 2 户），总人口 387 人，其中哈萨克族 380 人，汉族 7 人；男性 197 人，女性 190人；党员 15 人，团员 16 人。连队确定贫困户 47 户，贫困原因多为无固定收入、养畜少、家庭劳动力少、子女上学开销大、体弱多病等。

二　连队经济状况

连队现有种植耕地 1280 亩，其中滴灌苜蓿 1140 亩，滴灌土豆 140 亩。现有有机蔬菜大棚 24 座，20 万立方米的水库 1 个，养殖合作社 1 个。

三　医疗保障

一是定期培训。2016 年参加师市卫生局及牧场医院定期举办的业务培训，学习业务知识，了解关于基层医疗工作的相关政策，做好卫生工作。

二是接待门诊。2016 年门诊量 500 余人次，输液 80 人次。

三是建立居民健康档案。按照《卫生部关于规范城乡居民健康档案管理的指导意见》的要求，协助牧场医院推进全民体检、建立居民档案。做到健康档案项目填写基本齐全，及时追加主要卫生记录，对残疾人、慢性病人的健康档案按要求及时进行更新。65 岁以上老年人的健康档案在 2016 年更新了两次。

四是健康教育。连队卫生室健康教育宣传栏内容每两个月更新一次，每次更换一个版面，成功起到了为居民提供健康知识宣传、新型农村合作医疗宣传的作用，让老百姓真正感受到政府对卫生工作的重视。

五是预防接种以及传染病防治服务。积极配合卫生院开展妇女儿童保健、预防接种工作，以及结核病、艾滋病防治等有关知识的宣传咨询活动。开展健康知识讲座工作，入户普及健康知识。

六是慢性病防治。协助牧场医院对本连队 65 岁以上的老年人在 2016 年进行了全面体检和健康指导，同时协助医院对高血压、糖尿病等慢性病患者以及高危人群进行健康管理。连队卫生室积极配合牧场医院对各种慢性病进行规范化管理。每季度对糖尿病、高血压患者随访一次，每半年对糖尿病、高血压并发症患者的病情进行跟踪检测。

七是妇幼保健。向孕妇免费发放叶酸，积极配合牧场医院为辖区内的孕产妇提供孕期保健服务并进行产后随访，对孕妇进行孕期检查及孕期营养、心理和健康指导。积极配合牧场医院完成儿童体检和随访工作。

四　致贫原因及难点

一是地理位置偏远，地形复杂，交通不便，生存条件差。调查发现部分偏远贫困户往返一趟集镇需要步行 3 个小时以上。居住环境恶劣，资源贫乏，生产生活资料严重短缺，即使有资源也多因交通闭塞、信息不畅而难以得到有效开发。

二是受教育程度低，脱贫意识薄弱，缺乏发展技能。农村贫困人口多数为初中以下文化程度。相当一部分贫困人口思想观念陈旧，传统小农意识根深蒂固，思维方式和行为方式落后。生活上往往靠帮、靠救济，脱贫意识极其薄弱。对现代农业专业技术了解甚少，缺乏自我发展的能力和动力。

三是产业附加值不高，缺乏劳动力，收入水平低。多数贫困户是从事第一产业的农户，家庭经济收入主要依靠土地产出，缺技术、缺资金、缺门路，日常生活比较艰难。加之第一产业要有产出，主要依靠人工投入，且产业附加值不高、收入低，费力不讨好。两相对比之下青壮年劳动力大多选择外出务工。在家的多为老弱病残者，即便想要发展产业也是"有心无力"。

四是教育负担重，抗风险能力低，因学、因灾、因病返贫现象严重。学习文化知识是贫困户最终改变贫困命运的关键。目前国家已免去了义务教育阶段的主要费用。但就读高中、大学的贫困学生其家庭负担仍然相当重。一个高中生每年的开支在一万元左右，有些贫困家庭往往为了供孩子上学负债累累。

五是在贫困户收入来源中农业收入所占比重过大，缺乏抗风险能力。一旦遇到干旱、洪涝等自然灾害，收入便大幅下降，迅速返贫。

六是家庭收入主要靠劳力。一遇到家庭中有生病住院或患慢性病的，既要支出高额医疗费用，又减少了家庭收入，这一增一减，对于贫困家庭无异于雪上加霜。

第五节 连队的扶贫针对性措施

一 畜牧一连扶贫办法

北塔山牧场畜牧一连根据师部要求，制定了 2017 年扶贫发展的指导思想、工作思路及具体措施。

连队指导思想是全面贯彻党的十八届五中全会精神,认真落实牧场党委全委(扩大)会议各项部署,坚持"四个全面"战略布局,紧紧围绕社会稳定和长治久安总目标,按照"创新驱动、区域协调、生态绿色、民生优先、形成特色"二十字方针,统筹推进经济、政治、文化、社会、生态文明建设和党的建设。

连队发展的工作思路及奋斗目标是紧紧围绕牧场党委中心工作,做好脱贫攻坚"五个一批"工作,努力完成牧场党委安排的各项任务;通过实施"五个一批"工程来增加连队牧民的经济收入,做好维稳戍边工作、民生工作。改造连队面貌,帮助弱势群体,发展服务业,培育旅游业。

北塔山牧场畜牧一连 2017 年总体发展规划落实领导小组制定的工作计划和采取的扶贫办法如下。

(1)利用国家精准扶贫政策,2017 年对畜牧一连贫困家庭实行资金帮扶。

(2)组织牧民外出打工,联系周边施工队争取打短工的机会,利用连队新建道路等配套工程提供运输服务。在积极争取有关部门同意的前提下,有计划、有组织地帮助牧工开展椒蒿、沙葱等野生中草药的采摘工作。周边施工队打短工时间为 2017 年 5~11 月,野生中草药的采摘时间为 2017 年 4~7 月。

(3)引进奶牛养殖项目,建立牛奶、骆驼奶销售基地。同时,采用先进的技术手段不断加大褐牛品种的改良力度。

（4）开展精准帮扶资金的"给谁、帮扶谁、怎样帮扶"的工作，重新摸底贫困家庭基本情况，摸底时间为2017年3月15日至4月1日。

（5）利用退牧还林项目，建立苗圃培育基地。一是在连部到219乡道的道路两边种植苗圃，并将退牧还林补贴发放给连队贫困家庭。二是组织库甫沟里的牧民打草地、拉铁丝网、种植本地柳树苗子。

（6）利用大学毕业生创业帮扶资金，积极引导连队年轻人开展理发、家电维修等服务项目。

（7）争取牧场党委及项目资金支持，在场部通往畜牧一连的路口新建特色种植大棚，安排贫困户承包。

（8）完善基础设施，发展边境旅游。一是修建阿克萨依沟到国防公路的旅游通道，同时维修畜牧一连夏牧场指挥部。二是从阿克萨依沟的最高山顶可以看到北塔山2/3的风景，所以可修建瞭望塔并开办农家乐。

（9）畜牧一连最重要的工作是连队整体搬迁，搬迁时间为2017年3~10月。在新建居民点牧民房子旁边兴建彩钢房及院墙，房前的空间牧民自己利用。本项目一是解决牧民院子小的问题，二是保护路边绿化带。

（10）维修从连部到阿克托别的自来水管道，管道终点修建小塘坝，解决春、秋季人畜饮水困难。最重要的是利用喷灌技术建成野沙葱基地。

（11）在畜牧一连和草建连之间，利用沙尔巴斯陶的沙子地、波浪形坡地修建赛车场，举办赛车活动吸引观看。在赛车场配套修建供暖、供水、供电、管理设施。冬季可改赛场为滑雪场。

二 畜牧二连扶贫办法

根据师部要求，北塔山牧场畜牧二连制定了 2017 年连队总体发展工作思路及奋斗目标，其思路是全面贯彻党的十八届五中全会精神，认真落实牧场党委全委（扩大）会议各项部署，坚持"四个全面"战略布局，紧紧围绕牧场党委中心工作，紧紧围绕社会稳定和长治久安总目标，推动脱贫攻坚"兴边富民"工程，努力完成牧场党委安排的各项任务，做好维稳戍边工作、民生工作，帮助弱势群体，发展服务业，培育旅游业，实现 2017 年人均收入16000 元。

北塔山牧场畜牧二连 2017 年总体发展规划落实领导小组制定的工作计划和采取的扶贫办法如下。

（1）组织劳务输出队，联系周边企业，为周边企业提供车辆及劳动力，做好施工保障。

（2）在连队建立骆驼奶销售基地。

（3）推动"兴边富民"工程，积极引导牧民开设超市、粮油店、汽车修理店等。

（4）搞好饮食业，培育旅游业，开办农家乐并发展养殖业。

（5）合理利用水资源，在连队建一个加水站，为过往运输车辆加水，增加贫困户收入。

三 畜牧三连扶贫办法

畜牧三连的扶贫措施按照"创新驱动、区域协调、生态绿色、民生优先、形成特色"二十字方针，统筹推进经济、政治、文化、社会、生态文明建设和党的建设。

紧紧围绕牧场党委中心工作，做好脱贫攻坚"五个一批"工作，努力完成牧场党委安排的各项任务，增加连队牧民的经济收入，做好维稳戍边工作、民生工作。帮助弱势群体，发展服务业，培育旅游业。

北塔山牧场畜牧三连2017年总体发展规划落实领导小组制定的工作计划和采取的扶贫办法如下。

（1）利用国家精准扶贫政策，2017年对畜牧三连贫困家庭实行资金帮扶。

（2）组织牧民外出打工，联系周边施工队争取打短工的机会，为乌拉斯台口岸施工队提供运输服务，在口岸开放期间组织牧民装卸货物。在积极争取有关部门同意的前提下，有计划、有组织地帮助牧工开展椒蒿、沙葱等野生中草药的采摘工作。

（3）开展精准帮扶资金的"给谁、帮扶谁、怎样帮扶"的工作，重新摸底贫困家庭基本情况，摸底时间为2017年3月15日至4月1日。

（4）争取牧场党委及项目资金支持，在场部通往畜牧三连的路口新建特色种植大棚，安排贫困户承包。

（5）修建金西克苏牧民转场道路，同时维修畜牧三连夏牧场指挥部。

四 草建连扶贫办法

草建连根据师部的工作部署安排，结合本连队实际情况，制定了北塔山牧场草建连 2017 年扶贫工作计划。

连队指导思想是贯彻落实党的十八大精神，进一步巩固党的群众路线教育实践活动成果，践行"三严三实"活动要求，建立健全结对帮扶长效工作机制，进一步加强连队作风建设，更新服务观念，促进社会和谐稳定。

总体目标是按照"三年实现脱贫、五年同步小康"，基本实现扶贫对象不愁吃、不愁穿，义务教育、基本医疗和住房安全有保障。

北塔山牧场草建连 2017 年总体发展规划落实领导小组制定的工作计划和采取的扶贫办法如下。

（1）坚持以农业增效、农民增收为核心，不断优化产业结构，着力发展大棚种植，扩大大棚蔬菜生产规模。应抓住机遇，积极与外界市场取得联系，拓宽销售渠道，使贫困户更大程度上实现增收。

（2）做大做强传统产业。着力建设标准化马铃薯产业园，加快改造低产马铃薯品种。解决运输问题，积极探索多元化的农产品流通机制。

为保障计划的实施，连队制定了具体的工作要求：①提高认识，高度重视结对帮扶工作，真正做到思想与实践相结合，确保帮扶工作落到实处；②营造氛围，通过帮扶活动，减少社会矛盾，提高群众致富能力，增强党组织的凝聚力、战斗力，坚决打赢脱贫攻坚战，赢得群众的拥戴与信任。

连队下一阶段的工作重点为：①继续做好群众工作，确保辖区民族团结、宗教和谐、社会稳定；②继续做好连队基层组织建设，加强"两学一做"学习教育，确保活动开展取得实效；③加强农牧业培训学习，积极对接师市有关单位开展大棚种植、滴灌种植管理培训，提高牧民管理水平；④帮助连队群众做好土豆和大棚蔬菜种植与管理工作；⑤继续丰富群众文化活动，提升群众精神文化生活幸福指数；⑥协助连队党支部做好民生改善等各项工作，继续开展好惠民活动，加大精准扶贫力度。

第四章

北塔山牧场入户调研分析报告

第一节　入户问卷调查报告

　　消除贫困、实现共同富裕是社会主义的本质要求，是中国共产党人的使命担当。到 2020 年中国共产党成立 100年时实现第一个百年奋斗目标，让贫困人口和贫困地区同全国一道进入全面小康社会是我们党的庄严承诺，扶贫一个都不能少。新疆精准扶贫意义重大。根据中国社会科学院国情调研特大项目"精准扶贫精准脱贫百村调研"的相关要求，课题组成员前往新疆生产建设兵团北塔山牧场进行精准扶贫精准脱贫入户调查，对畜牧一连、畜牧二连、畜牧三连和草建连的贫困户、脱贫户及连队发放了问卷 65份（含行政村调研表 5 份）。问卷涉及的调查内容包括基

图 4-1　北塔山连队调研

（邹青山拍摄，2017 年 6 月）

本情况、住房条件、财产状况、生活评价、政治参与、扶贫脱贫等，采用选择题的形式进行调查。现将问卷调查相关情况报告如下。

一　基本情况

问卷第一部分涉及受访者基本情况，包括其年龄阶段、文化程度、婚姻状况与社会成分、当前健康状况、劳动和自理能力、在家时间、务工状况、医疗保障、养老保障等。现将调查结果汇总如下。

60 份入户调查问卷的受访家庭户都曾是建档立卡户。其中有 30 份问卷调查的是贫困户，其余 30 份问卷调查的是脱贫户。受访者性别分布为女性 10 人，男性 50 人。受访者均为哈萨克族，受访者几乎都是牧场职工（因语言障碍可能有误）。

（一）年龄阶段

从年龄分布来看，此次问卷调查中近 2/3 的受访者是中年人（见表4-1）。受访者以男性居多，且基本上都是户主。

表4-1　北塔山牧场受访者的年龄分布

单位：人，%

序号	选项内容	人数	占比
1	20~30 岁	9	15.00
2	30~40 岁	17	28.33
3	40~50 岁	21	35.00
4	50~60 岁	12	20.00
5	60 岁以上	1	1.67

资料来源："精准扶贫精准脱贫百村调研"北塔山牧场调研。

说明：本书统计表格，除特殊标注，均来自北塔山牧场调研。

（二）文化程度

从受访者文化程度来看，受访者的文化程度普遍不

图4-2　北塔山牧场扶贫调研

（邹青山拍摄，2017 年 6 月）

高，63.33% 的受访者是小学文化，13.33% 的受访者是文盲。初中学历的不到 20%，拥有高中和中专学历的只有 3 人，大专及以上学历的没有（见表 4-2）。

表 4-2　北塔山牧场受访者的文化程度

单位：人，%

序号	选项内容	人数	占比
1	文盲	8	13.33
2	小学	38	63.33
3	初中	11	18.33
4	高中	2	3.33
5	中专	1	1.67
6	大专及以上	—	—

（三）婚姻状况与社会成分

受访者中 2 人丧偶，1 人未婚，57 人已婚。受访者的社会成分以农牧职工和普通农民为主（因语言障碍有待核实）。

图 4-3　北塔山牧场入户调查

（沈进建拍摄，2017 年 6 月）

（四）当前健康状况

从受访者的健康状况来看，51.67%的受访者身体状况健康，还有近一半的受访者正经受病痛的困扰，40.00%的受访者有长期慢性病，5.00%的人患有大病，3.33%的人残疾（见表4-3）。

表4-3　北塔山牧场受访者的当前健康状况

单位：人，%

序号	选项内容	人数	占比
1	健康	31	51.67
2	长期慢性病	24	40.00
3	患有大病	3	5.00
4	残疾	2	3.33

（五）劳动、自理能力

从受访者的劳动、自理能力来看，虽然受访者接近一半正经受病痛的困扰，但是他们大部分在家庭里依然是劳动力。在受访者中，83.33%的人是普通劳动力，16.67%的人丧失部分劳动力（见表4-4）。技能劳动力严重缺乏。

表4-4　北塔山牧场受访者的劳动、自理能力

单位：人，%

序号	选项内容	人数	占比
1	普通劳动力	50	83.33
2	技能劳动力	—	—
3	部分丧失劳动力	10	16.67
4	其他	—	—

图 4-4　北塔山牧场入户访谈

（胡彩云拍摄，2017 年 6 月）

（六）在家时间

从受访者的在家时间来看，受访者中有 60.00% 的人一年在家时间为 6~12 个月，16.67% 的人一年在家时间为 3~6 个月，23.33% 的人一年在家时间为 3 个月以下（见表 4-5）。

表 4-5　北塔山牧场受访者的在家时间

单位：人，%

序号	选项内容	人数	占比
1	3 个月以下	14	23.33
2	3~6 个月	10	16.67
3	6~12 个月	36	60.00

（七）务工状况

从问卷调查情况来看，超过一半的受访者都是在当地乡镇内务工（见表 4-6），外出务工的寥寥无几，还有一部分人在家务农。

表4-6　北塔山牧场受访者的务工状况

单位：人，%

序号	选项内容	人数	占比
1	乡镇内务工	31	51.67
2	乡镇外县内务工	3	5.00
3	县外省内务工	—	—
4	省外务工	—	—
5	其他（包括在家务农）	26	43.33

（八）医疗保障

从问卷调查情况来看，受访者都享有医疗保障，其中55.00%的受访者享有城镇居民医保，33.33%的受访者享有职工医保，11.67%的受访者享有新农合（见表4-7）。说明北塔山牧场医疗保障比较健全。尽管如此，疾病给家庭带来的考验依然严峻。由于路途遥远，地理位置偏僻，医疗条件简陋，遇大病要去条件好的医院就医存在困难，且报销额度有限。

表4-7　北塔山牧场受访者的医疗保障

单位：人，%

序号	选项内容	人数	占比
1	新农合	7	11.67
2	城镇居民医保	33	55.00
3	职工医保	20	33.33
4	商业保险	—	—

（九）养老保障

从问卷调查情况来看，受访者中90%的人都是有养老保障的，主要是依靠城乡居民基本养老保险和城镇职工基本养老保险，但是也有10%的人没有养老保障（见表4-8）。

表4-8 北塔山牧场受访者的养老保障

单位：人，%

序号	选项内容	人数	占比
1	城乡居民基本养老保险	24	40.00
2	城镇职工基本养老保险	30	50.00
3	商业养老保险	—	—
4	退休金	—	—
5	均无	6	10.00

二 住房条件

此部分问卷调查受访者对当前住房的满意程度，内容涉及房屋面积、最主要饮用水源、最主要炊事用能源和取暖设施、房屋是否通电、自有住房数量等。现将调查结果汇总如下。

（一）住房满意度

从住房满意度来看，受访者中对目前住房非常满意的比例为13.33%，比较满意的比例为50.00%，一般的比例为23.33%，不太满意的比例为8.33%，很不满意的比例为5.00%（见表4-9）。

表 4-9　北塔山牧场受访者对当前住房状况的满意程度

单位：人，%

序号	选项内容	人数	占比
1	非常满意	8	13.33
2	比较满意	30	50.00
3	一般	14	23.33
4	不太满意	5	8.33
5	很不满意	3	5.00

从问卷调查情况来看，受访者目前的住房都是砖混结构，房屋面积大多在80平方米。受访者家家都通了自来水，也通了电。目前天然气还没有通到北塔山牧场，绝大部分家庭使用煤来做饭、供暖，极少部分家庭使用电。

（二）住房数量

从受访者自有住房数量来看，绝大部分的受访者目前只有1套住房，极个别的有2套住房（见表4-10）。北塔山牧场通过一系列扶贫措施给北塔山牧民提供住房福利。北塔山牧民只需要每户人家出资2.5万元，就能住上惠民居民房。房屋已经修建完毕，牧民可以交上钱，拿上钥匙，自己装修，就可在2017年底住上新居。尽管如此，在调查中发现，一些受访者因贫、因病，拿不出这2.5万元。

表 4-10　北塔山牧场受访者自有住房数量

单位：人，%

序号	选项内容	人数	占比
1	1套	59	98.33
2	2套	1	1.67
3	3套	—	—

三　财产状况

此部分问卷围绕着受访者家庭财产状况进行调查，主要是对受访者家庭耐用消费品、农机、农业设施拥有数量进行访问。从问卷调查情况来看，不管是脱贫户还是贫困户，家家都有彩色电视机和手机（见表4-11）。大部分受访者家庭拥有摩托车或电动自行车，因为北塔山牧场连队之间、连队与牧场场部之间距离较远，对于牧民来说，没有摩托车出行和放牧是很不方便的。大部分受访者家庭户拥有电冰箱或冰柜以及洗衣机。空调、电脑、轿车、拖拉机、播种机、收割机、卡车、中巴、大卡车等在极少数脱贫户家里可以见到。固定电话没有统计，有翻译员的因素，也有受访者的因素。但是问及与外界的联系工具，受访者回答的都是手机。调查发现，私人借贷严重，大部分都有利息，月利息率在25‰左右。

表4-11　北塔山牧场受访者家庭耐用消费品、农机、
农业设施拥有数量

单位：人，%

序号	选项内容	人数	占比
1	彩色电视机	60	100.00
2	空调	2	3.33
3	洗衣机	43	71.67
4	电冰箱或冰柜	48	80.00
5	电脑	4	6.67
6	固定电话	—	—

序号	选项内容	人数	占比
7	手机	60	100.00
8	摩托车或电动自行车	50	83.33
9	轿车	2	3.33
10	卡车或中巴或大卡车	3	5.00
11	拖拉机	2	3.33
12	播种机	2	3.33
13	收割机	2	3.33

四 生活评价

调查问卷在生活评价这一块设计 5 个问题，调查项目包括受访者对现在生活状况的满意程度，与 5 年前比对现在生活状况的评价，对 5 年后生活状况的预期，与多数亲朋好友比对现在生活状况的评价，与本村多数人比对现在生活状况的评价等。现将调查结果汇总如下。

（一）对现在生活状况的满意程度

对于受访者而言，13.33% 的受访者对现在生活状况非常满意，35.00% 的受访者对现在生活状况比较满意，23.33% 的受访者对现在生活状况感觉一般，18.33% 的受访者对现在生活状况不太满意，10.00% 的受访者对现在生活状况很不满意（见表 4-12）。

表 4-12　北塔山牧场受访者对现在生活状况的满意程度

单位：人，%

选项序号	选项内容	人数	占比
1	非常满意	8	13.33
2	比较满意	21	35.00
3	一般	14	23.33
.4	不太满意	11	18.33
5	很不满意	6	10.00

（二）与 5 年前比对现在生活状况的评价

与 5 年前比，大部分受访者觉得生活越来越好，20.00% 的受访者觉得生活差不多，6.67% 的受访者觉得生活差一些（见表 4-13）。

表 4-13　北塔山牧场受访者与 5 年前比对现在生活状况的评价

单位：人，%

序号	选项内容	人数	占比
1	好很多	8	13.33
2	好一些	36	60.00
3	差不多	12	20.00
4	差一些	4	6.67
5	差很多	—	—

（三）对 5 年后生活状况的预期

对 5 年后生活状况的预期，18.33% 的受访者认为生活会好很多，63.33% 的受访者认为生活会好一些，1.67% 的受访者认为生活差不多，3.33% 的受访者认为生活会差一些，还有 13.33% 的受访者觉得不好说（见表 4-14）。

表4-14　北塔山牧场受访者对 5 年后生活状况的预期

单位：人，%

选项序号	选项内容	人数	占比
1	好很多	11	18.33
2	好一些	38	63.33
3	差不多	1	1.67
4	差一些	2	3.33
5	差很多	—	—
6	不好说	8	13.33

（四）与多数亲朋好友比对现在生活状况的评价

从问卷调查情况来看，超过一半的受访者认为自己比多数亲朋好友过得好，21.67% 的受访者认为和他们差不多，21.67% 的受访者认为比他们差一些，极个别的认为自己与多数亲朋好友相比差很多（见表 4-15）。

表4-15　北塔山牧场受访者与多数亲朋好友比对现在生活状况的评价

单位：人，%

序号	选项内容	人数	占比
1	好很多	4	6.67
2	好一些	28	46.67
3	差不多	13	21.67
4	差一些	13	21.67
5	差很多	2	3.33

（五）与本村多数人比对现在生活状况的评价

从问卷调查情况来看，43.33% 的受访者认为自己与本村多数人比，比他们过得好很多或好一些，30.00% 的受访者认为和他们差不多，23.33% 的受访者认为比他们差一些，极个别的认为自己与多数村民相比差很多（见表 4-16）。

表 4-16　北塔山牧场受访者与本村多数人比对现在生活状况的评价

单位：人，%

序号	选项内容	人数	占比
1	好很多	2	3.33
2	好一些	24	40.00
3	差不多	18	30.00
4	差一些	14	23.33
5	差很多	2	3.33

五　政治参与

调查问卷在政治参与这一块，调查项目包括受访者或其家人对最近一次村委会召开的会议参与情况，受访者或其家人对上年村委会召开的会议参与情况，受访者或其家人对上年村民组召开的会议参与情况，受访者或其家人对上年最近一次乡镇人大代表投票参与情况。现将调查结果汇总如下。

（一）受访者或其家人对最近一次村委会召开的会议参与情况

从受访者或其家人对最近一次村委会召开的会议参

与情况来看，超过一半的受访者自己和其家人都没参加，18.33%的受访者和其家人都参加了，18.33%的受访者仅自己参加，8.33%的受访者表示不知道，极个别的表示是别人参加（见表4-17）。

表4-17　北塔山牧场受访者或其家人对最近一次
村委会召开的会议参与情况

单位：人，%

序号	选项内容	人数	占比
1	都参加	11	18.33
2	仅自己参加	11	18.33
3	别人参加	1	1.67
4	都没参加	32	53.33
5	不知道	5	8.33

（二）受访者或其家人对上年村委会召开的会议参与情况

从受访者或其家人对上年村委会召开的会议参与情况来看，超过一半的受访者自己和其家人都参加了，33.33%的受访者仅自己参加，8.33%的受访者自己和其家人都没参加，极个别的表示是别人参加（见表4-18）。

表4-18　北塔山牧场受访者或其家人对上年村委会
召开的会议参与情况

单位：人，%

序号	选项内容	人数	占比
1	都参加	34	56.67
2	仅自己参加	20	33.33
3	别人参加	1	1.67
4	都没参加	5	8.33
5	不知道	—	—

（三）受访者或其家人对上年村民组召开的会议参与情况

从受访者或其家人对上年村民组召开的会议参与情况来看，65.00% 的受访者自己和其家人都参加了，23.33% 的受访者仅自己参加，8.33% 的受访者自己和其家人都没参加，3.33% 的受访者表示不知道（见表 4-19）。

表 4-19 北塔山牧场受访者或其家人对上年村民组
召开的会议参与情况

单位：人，%

序号	选项内容	人数	占比
1	都参加	39	65.00
2	仅自己参加	14	23.33
3	别人参加	—	—
4	都没参加	5	8.33
5	不知道	2	3.33

（四）受访者或其家人对上年最近一次乡镇人大代表投票参与情况

从受访者或其家人对上年最近一次乡镇人大代表投票参与情况来看，65.00% 的受访者自己和其家人都没参加，23.33% 的受访者表示不知道，11.67% 的受访者自己和其家人都参加了（见表 4-20）。说明牧民对本村的政治活动有一定的参与，对更大范围的政治活动就不太关心，也不太参与。

表 4-20　北塔山牧场受访者或其家人对上年最近
一次乡镇人大代表投票参与情况

单位：人，%

序号	选项内容	人数	占比
1	都参加	7	11.67
2	仅自己参加	—	—
3	别人参加	—	—
4	都没参加	39	65.00
5	不知道	14	23.33

六　扶贫脱贫

此部分的调查对象是 2016 年底为建档立卡户的家庭，共计 60 户，其中 30 户于 2017 年初已经是脱贫户。问卷调查的形式包括单选题和多选题，其中，单选题设定每题限选一项，多选题设定每题选择不超过 3 项。现将调查结果汇总如下。

（一）成为贫困户的年份

从受访的 2016 年底为建档立卡户的家庭成为贫困户的年份来看，43.33% 的受访家庭是于 2014 年成为贫困户的，28.33% 的受访家庭是于 2015 年成为贫困户的，10.00% 的受访家庭是于 2016 年成为贫困户的，还有 18.33% 的受访家庭表示不清楚（见表 4-21）。

表 4-21　北塔山牧场受访的 2016 年底为建档立卡户的家庭
成为贫困户的年份

单位：户，%

序号	选项	户数	占比
1	2014 年	26	43.33
2	2015 年	17	28.33
3	2016 年	6	10.00
4	不清楚	11	18.33

（二）认定脱贫时乡村干部来家调查情况

调查 2017 年初已脱贫的 30 户家庭，对于认定脱贫时，村干部来家调查与否，76.67% 的受访家庭表示来过，13.33% 的受访家庭表示没来过，10.00% 的受访家庭表示不知道（见表 4-22）。

表 4-22　北塔山牧场受访的脱贫户认定脱贫时乡村干部
来家调查情况

单位：户，%

序号	选项	户数	占比
1	来过	23	76.67
2	没来过	4	13.33
3	不知道	3	10.00

（三）脱贫名单的公示情况

对于脱贫名单是否公示，63.33% 的受访家庭表示有公示，26.67% 的受访家庭表示没有，10.00% 的受访家庭表示不知道（见表 4-23）。

表 4-23 北塔山牧场受访的脱贫户脱贫名单
的公示情况

单位：户，%

序号	选项内容	户数	占比
1	有	19	63.33
2	没有	8	26.67
3	不知道	3	10.00

（四）对认定脱贫结果的满意情况

对于认定脱贫的结果是否满意，66.67% 的受访家庭表示满意，23.33% 的受访家庭表示不满意，10.00% 的受访家庭表示无所谓（见表 4-24）。

表 4-24 北塔山牧场被调查的脱贫户对认定脱贫结果的满意情况

单位：户，%

序号	选项内容	户数	占比
1	满意	20	66.67
2	不满意	7	23.33
3	无所谓	3	10.00

（五）对认定脱贫程序的满意情况

对于认定脱贫的程序是否满意，60.00% 的受访家庭表示满意，30.00% 的受访家庭表示不满意，10.00% 的受访家庭表示无所谓（见表 4-25）。

表4-25　北塔山牧场被调查的脱贫户对认定脱贫程序的满意情况

单位：户，%

序号	选项内容	户数	占比
1	满意	18	60.00
2	不满意	9	30.00
3	无所谓	3	10.00

（六）对本村贫困户的选择是否合理的评价情况

调查2016年底为建档立卡户的60户家庭，对于本村贫困户的选择是否合理，10.00%的受访家庭表示非常合理，70.00%的受访家庭表示比较合理，16.67%的受访家庭表示一般，1.67%的受访家庭表示不太合理，1.67%的受访家庭表示很不合理（见表4-26）。

表4-26　北塔山牧场被调查的2016年底为建档立卡户的家庭
对本村贫困户的选择是否合理的评价情况

单位：户，%

序号	选项内容	户数	占比
1	非常合理	6	10.00
2	比较合理	42	70.00
3	一般	10	16.67
4	不太合理	1	1.67
5	很不合理	1	1.67
6	说不清	—	—

（七）对为本村安排的扶贫项目是否合理的评价情况

对于为本村安排的扶贫项目是否合理，1.67%的受访家庭表示非常合理，78.33%的受访家庭表示比较合理，

10.00% 的受访家庭表示一般，10.00% 的受访家庭表示说不清（见表 4-27）。

表 4-27 北塔山牧场被调查的 2016 年底为建档立卡户的家庭对为本村安排的扶贫项目是否合理的评价情况

单位：户，%

序号	选项内容	户数	占比
1	非常合理	1	1.67
2	比较合理	47	78.33
3	一般	6	10.00
4	不太合理	—	—
5	很不合理	—	—
6	说不清	6	10.00

（八）对本村到目前为止扶贫效果的评价情况

对于本村到目前为止的扶贫效果，5.00% 的受访家庭表示非常好，73.33% 的受访家庭表示比较好，13.33% 的受访家庭表示一般，8.33% 的受访家庭表示说不清（见表 4-28）。

表 4-28 北塔山牧场被调查的 2016 年底为建档立卡户的家庭对本村到目前为止扶贫效果的评价情况

单位：户，%

序号	选项内容	户数	占比
1	非常好	3	5.00
2	比较好	44	73.33
3	一般	8	13.33
4	不太好	—	—
5	很不好	—	—
6	说不清	5	8.33

（九）对为本户安排的扶贫措施的评价情况

对于为本户安排的扶贫措施，5.00% 的受访家庭表示非常适合，68.33% 的受访家庭表示比较适合，16.67% 的受访家庭表示一般，10.00% 的受访家庭表示说不清（见表 4-29）。

表 4-29　北塔山牧场被调查的 2016 年底为建档立卡户的家庭
对为本户安排的扶贫措施的评价情况

单位：户，%

序号	选项内容	户数	占比
1	非常适合	3	5.00
2	比较适合	41	68.33
3	一般	10	16.67
4	不太适合	—	—
5	很不适合	—	—
6	说不清	6	10.00

（十）对本户到目前为止的扶贫效果的评价情况

对于本户到目前为止的扶贫效果，6.67% 的受访家庭表示非常好，53.33% 的受访家庭表示比较好，25.00% 的受访家庭表示一般，1.67% 的受访家庭表示不太好，13.33% 的受访家庭表示说不清（见表 4-30）。

表 4-30　北塔山牧场被调查的 2016 年底为建档立卡户的家庭
对本户到目前为止的扶贫效果的评价情况

单位：户，%

序号	选项内容	户数	占比
1	非常好	4	6.67
2	比较好	32	53.33
3	一般	15	25.00

序号	选项内容	户数	占比
4	不太好	1	1.67
5	很不好	—	—
6	说不清	8	13.33

（十一）家庭最主要的致贫原因

2016 年底为建档立卡户的家庭，家庭最主要的致贫原因排在前三位的是生病、缺资金、上学（见表 4-31）。此外，受访家庭认为致使家庭贫困最主要的因素，还包括残疾、缺劳动力、自身发展动力不足等。

表 4-31　北塔山牧场被调查的 2016 年底为建档立卡户的家庭最主要的致贫原因

单位：户

序号	选项内容	户数	排位
1	生病	25	1
2	残疾	4	4
3	上学	8	3
4	灾害	0	10
5	缺土地	0	10
6	缺水	0	10
7	缺技术	2	8
8	缺劳动力	4	4
9	缺资金	9	2
10	交通条件落后	0	10
11	自身发展动力不足	3	6
12	因婚	2	8
13	其他	3	6

（十二）家庭其他致贫原因

2016 年底为建档立卡户的家庭，家庭其他致贫原因排在前三位的是生病、缺劳动力、缺资金（见表 4-32）。此外，受访家庭认为致使家庭贫困的其他因素，还包括上学、缺技术、自身发展动力不足、残疾等。

表 4-32　北塔山牧场被调查的 2016 年底为建档立卡户的家庭
其他致贫原因

单位：户

序号	选项内容（可多选）	户数	排位
1	生病	26	1
2	残疾	7	7
3	上学	11	4
4	灾害	3	11
5	缺土地	5	9
6	缺水	1	12
7	缺技术	10	5
8	缺劳动力	25	2
9	缺资金	21	3
10	交通条件落后	1	12
11	自身发展动力不足	8	6
12	因婚	1	12
13	其他	5	9
14	无	6	8

（十三）2015 年以来得到的帮扶措施

对于受访家庭而言，2015 年以来得到的帮扶措施主要集中在公共服务和社会事业、发展生产、技能培训、带动就业、基础设施建设等方面（见表4-33）。

表4-33　北塔山牧场被调查的2016年底为建档立卡户的家庭
2015年以来得到的帮扶措施

单位：户

选项序号	选项内容（可多选）	户数	排位
1	技能培训	7	3
2	小额信贷	3	6
3	发展生产	13	2
4	带动就业	7	3
5	易地搬迁	1	7
6	基础设施建设	4	5
7	公共服务和社会事业	48	1

贫困家庭可领取低保、自然灾害（狼灾等）补贴、草原生态补贴等，这些补助对于北塔山牧场这样一个国家级贫困团场的牧民来说，给他们的生活带去了保障，缓解了他们的经济压力。此外，还通过介绍牧民去五家渠市或其他地方打工以及发放小额贷款来发展生产等，帮助牧民脱贫。

第二节　入户访谈报告

边疆少数民族地区精准扶贫的落实与否关乎人心向

背。2017 年 6 月，中国社会科学院国情调研特大项目"精准扶贫精准脱贫百村调研"课题组赴新疆生产建设兵团第六师北塔山牧场进行了为期 15 天的调研。

在调研中，课题组通过与当地牧场干部、连队职工、哈萨克族牧民广泛的接触，深深感受到在少数民族聚居区，特别是在西北边疆少数民族聚居区，精准扶贫精准脱贫不仅是消除贫困、改善民生的惠民工程，而且是维护边疆地区长治久安的国家战略。

一 北塔山牧场贫困之源

北塔山牧场地处遥远的西北边疆，靠近中蒙边境。此次我们调研的畜牧一连、畜牧二连、畜牧三连、草建连，是牧场最边远的经济欠发达的贫困连队。从师部所在的五家渠市前往北塔山牧场，距离 400 多公里，一路是人烟稀少、干旱荒芜的茫茫戈壁。北塔山牧场始建于 1952 年，辖区面积 2252.8 平方公里，是一个哈萨克族人口占绝大多数的少数民族聚居区。据有关资料介绍，2014 年牧场建档立卡贫困户 360 户 1443 人，其中国家级贫困户 113 户 470 人，兵团级贫困户 247 户 973 人，至 2016 年底仍有贫困户 288 户 1146 人。[1]

由于自然条件艰苦，降水量稀少，草原退化，基础设施落后，1990 年北塔山牧场被列为国家级贫困团场，现

———

① 资料来源于《关于第六师北塔山牧场打赢脱贫攻坚战的实施方案》。

在仍然没有脱贫摘帽。造成贫困的主要原因在于：地处边陲，生产方式原始落后；经营方式简单，产业结构单一，以放牧为主；受自然灾害影响较大，抵御风险能力较弱；残疾人比例较高，因病致贫、返贫现象突出；牧场、连队基础设施发展滞后。

二 脱贫攻坚任重而道远

由于牧场所处的特殊地理位置以及受自然条件影响，扶贫脱贫工作任重而道远。但在调研中，我们听到连队领导几乎异口同声地回答保证如期脱贫。在接下来的调研中获悉，牧场和连队因地制宜采取扶贫措施。主要扶贫措施包括以下几个方面。低保户每人每月享有350元低保生活补贴，用于维持基本生活。因地处边塞，漫长的边境线需要当地的牧民护边巡防，连队尽可能在贫困户中选择护边员，护边员的工资为贫困家庭带来稳定的收入来源。因牧场逐年退化，贫困户还享有国家草场补贴。此外牧场和连队还通过产业发展及转移就业、易地搬迁安置、对有偿还能力的牧民家庭发放政府特惠贴息贷款帮助脱贫，着力加强教育脱贫，对患病、残疾、失去劳动能力的贫困户最终通过社保政策兜底实现同步脱贫。

通过调研，我们发现牧场和连队实施的扶贫措施对于贫困户而言是扎实有效、符合实际的。除了这些措施以外，我们觉得，着力改变贫困人口的生产生活习惯也是至关重要的。比如牧区的哈萨克族牧民食盐摄入量偏重，午餐和晚餐食肉多、几乎不吃蔬菜，再加上喝奶茶，每天的饮食摄入了超出人体正常需求量的食盐，这导致当地高血压、心脏病高发，造成了当地家庭户纵使年收入尚可却因病支出费用大而入不敷出陷入贫困。因此，对于慢性病的预防应该予以高度重视，降低因病致贫、因病返贫的发生率。另外，由于当地属于干旱型草场，载畜能力弱，这就需要转变传统的放牧方式，对牲畜实施圈养。但在现实中，哈萨克族牧民的传统生产习惯一时还不好改变，他们每年带着牛羊逐水草而居，夏季转场常常需要跋涉数百公里。为转变哈萨克族牧民传统的游牧生产、生活方式，连队兴建蔬菜大棚，利用滴灌技术发展苜蓿草场，将马铃薯种植区承包给牧民，这在改变牧民传统游牧方式、渐次实现产业转移方面提供了有益的借鉴。

三 维稳戍边责任重大

牧场维稳戍边责任重大。在调研中，我们强烈感受到在北塔山牧场这样一个"有山没有树、有沟没有水、有地没有草"的荒凉之地，生产建设兵团之所以在此驻守也是出于国防安全的考量，这里是边境线，不能成为无人驻防的盲区。从扶贫角度看，对贫困户的易地搬迁安置并不完全适用。牧民在放牧的同时，还承担着边境线的护边巡逻任务，一有情报，即可通过卫星电话汇报边防团，没有比牧场的牧民更熟悉边境线上的一草一木了，即使是几个陌生的脚印，也会引起巡边牧民的警觉。不因条件恶劣而撤离，不因贫困而让国门失守，不给非法越境者和暴恐分子以可乘之机，北塔山牧场的牧民是捍卫国家安全的一支重要力量。

四　扶贫是民心工程

新疆是"一带一路"的重要节点、核心区域，又是少数民族聚居区，自古以来就是多民族文化交融的地区，各种思想意识相互渗透、相互交融、相互影响。

目前大部分民族地区的经济还十分落后，生活还没有彻底摆脱贫困。扶贫体现了中国共产党人全心全意为人民服务的宗旨。要维护新疆的稳定就要凝心聚力打好脱贫攻坚战，努力建设团结和谐、繁荣富裕、文明进步、安居乐业的中国特色社会主义新疆，打造中华民族共同体。因此，对边疆少数民族地区精准扶贫、精准脱贫的落实与否，关乎人心向背。全面实现小康，少数民族一个都不能少。

五　扶贫不是形象工程

扶贫的本质，体现了共产党人的初心，不是形象工程、面子工程。消除贫困、改善民生、逐步实现共同富裕也是社会主义的本质要求。正如习近平总书记指出的："如果贫困地区长期贫困，面貌长期得不到改变，群众生活长期得不到提高，那就没有体现我国社会主义制度的优越性，那也不是社会主义。"

20世纪80年代初，新疆生产建设兵团恢复时，邓小平明确指出，生产建设兵团实行党政军结合的体制，其组织形式与军垦农场有所不同，要发挥"稳定新疆的核心"作用。事实上，无论是从兵团层面，还是基层的牧场、连队都很好地发挥了维稳戍边的作用。地处边境的少数民族群众配合边防部队，共同构建了统一高效的强边固防机制。

六 对北塔山牧场扶贫脱贫的路径探索

北塔山牧场作为新疆生产建设兵团第六师的一处团场，下辖六个连队：农一连、农二连、畜牧一连、畜牧二连、畜牧三连、草建连。这六个连队原本散落于中蒙边境地带，农一连、农二连所在的区域因已无草场可放牧，无土地可耕种，只得搬到了离牧场200多公里的奇台县附近。在草建连，课题组与在这里工作了36年的连党支部书记秦建洪交谈。作为连队为数不多的汉族干部，说起扶贫帮困，在他眼中，当务之急是恢复生态，退牧还草，尽可能涵养住北塔山脆弱的生态，维护好当地哈萨克人赖以生存的环境。人们过度放牧，使得地处偏远的牧场生存条件更加恶劣。秦建洪至今还清晰地记得20世纪80年代的时候牧场耕地尚多、水草丰美的景象。那时当地居民种植小麦、土豆、蔬菜，一派火热的生产景象。后来水源减少，草场退化，随着第一代兵团人的退休搬离，连同他们的子女也都陆续离开了。

秦建洪书记还谈到，当地哈萨克人的平均寿命为52岁，很多人离世时正值盛年，这是一件很令人惋惜的事。这与他们的生活习惯有很大关系。

在调研中，我们常听到这样的说辞，贫困者的"等靠要"思想严重。那么在精准扶贫中，究竟应建立起一种怎样的扶贫文化以激发贫困者的内生动力？不少学者也认为，激发贫困户内心改变贫穷的强烈愿望并付诸行动比单纯给予他们一些金钱或物资帮助更为重要。诺贝尔奖获得者阿比吉特·班纳吉在《贫穷的本质》一书中写道："仅仅给予贫穷者更多的钱可能也不足以解决所有的问题，即使收入增加，短期内他们可能也不会达到更好的营养状态。"但在现实社会中，给予贫困户一定的金钱或物资帮助当然是必要的。在当下中国现实语境中，贫困代际传递现象是存在的。所以习近平总书记强调，要坚持精准扶贫、精准脱贫，重在提高脱贫成效。贫困代际传递不仅被认为是长期贫困的主要特征和主要原因，而且还被认为是治理贫困的关键一环。因此，进一步完善相关政策体系，明晰政策落实的基本路径，对于缓解贫困代际传递具有重要意义。

扶贫攻坚是一项系统工程、民生工程，要实现社会各方力量的有效联动，因地制宜地制定切实可行的脱贫措施，因村、因户、因人施策，才能确保现行标准下贫困人口实现脱贫。

第三节　连队牧场扶贫对比调研报告

中国社会科学院国情调研特大项目"精准扶贫精准脱贫百村调研"课题组于 2017 年 11 月 15~17 日对伊宁四师七十八团库什台牧场进行了考察，通过与北塔山牧场进行比较，对扶贫攻坚、全面建成小康社会有了更深刻的理解和认识。

七十八团五连是我们进行对比调研的连队，所属新疆生产建设兵团第四师，东起天山那拉提，北、东、南三面环山，西与哈萨克斯坦共和国接壤，是距离中哈边境线最近的连队。

与北塔山牧场相比，这里的自然条件要好得多，属于温带草原气候，虽然进入 11 月的深秋，但这里仍然处于放牧的好时节，牧民大多外出放牧了。在连队翻译的带领下，我们在场内街道上走了一圈，偶尔见到一两个留守家中的老弱病家属，大部分牧民已经住到了山上，他们在那里搭建了自己放牧时的住房，每天在牧场骑马放牧。

面对如何引领连队少数民族群众脱贫致富的问题以及发展为了谁、发展依靠谁的问题，连队统一思想，把挂钩干部能不能真心帮扶、是否全身心地投入精准扶贫工作中作为评判标准，要求干部与贫困户同呼吸、共奋斗。连队扶贫的首要任务是帮助牧民多元增收，通过建立和完善增收保障机制，打赢精准扶贫攻坚战。我们通过座谈和入户访谈，了解连队扶贫的主要措施和办法，具体如下。

一 五连致贫原因

五连对 23 户（60 人）贫困户采取结对挂钩的办法，入户摸底，实施精准扶贫，其中，团领导挂钩 2 户（5人），3 个科室部门（团纪委、发改委、工会）挂钩 3 户（9人），连队挂钩 18 户（46 人）。现将贫困户的调查情况汇总如下。

（1）缺生产对象、夫妻身体状况良好且夫妻中有 1 人为职工的贫困家庭有 3 户共 11 人（户主：艾里布拉提、道吾拜、尔斯开尔旦）[1]。

（2）夫妻身体状况良好且夫妻 2 人为职工的贫困家庭有 1 户共 4 人（户主：吾扎提别克）。

（3）夫妻中有 1 人为职工且一方身体患病致贫的贫困家庭有 3 户共 9 人（户主：达吾列提拜、木合塔里、托连姆）。

（4）丧偶（单身）且户主为男职工的贫困家庭有 2 户共 2 人（户主：底里下提、多尔困·麻马江）。

（5）丧偶且户主为女职工、缺生产对象致贫的贫困家庭有 1 户共 2 人（户主：帕拉尔古丽·吐黑汗）。

（6）丧偶、非职工、靠低保生活的贫困家庭有 8 户共 14 人（户主：托衣木汗·下一木、库鲁汗·散连巴衣、巴合别尔干、古丽加玛尔、艾斯亚、必开西、孜阿吾提·扎吾提、阿衣先·节白克拜）。

---

[1] 本书涉及的案例中所有人名均系化名。

（7）父母双亡、非职工的贫困家庭有 2 户共 6 人（户主：吐松拜·巴洋拜、阿合力江）。

（8）非职工、牲畜少、因病致贫的贫困家庭有 3 户共 12 人（户主：努尔太、艾力阿斯卡、哈衣拉提·伊得力斯）。

二　制定扶贫方案

一是强化动态管理，挂钩干部与贫困户层层签订脱贫攻坚责任书。

二是加大对畜牧养殖业的帮扶力度，对有能力发展养殖业的扶贫对象，加强养殖技术指导，提升技能。确保购买牲畜的贫困户及时参保（在贫困户无资金参保的情况下，由挂钩干部先垫付资金）。

三是积极发展旅游业，引导贫困户通过开办农家乐、销售手工刺绣品和奶制品等增加收入。

四是拓宽贫困户就业渠道，组织季节性劳务输出，增加劳务性收入。

五是建立贫困户扶贫档案，对建档立卡贫困户和贫困人口定期进行全面核查，建立精准扶贫台账，实行一年一看有无实效的动态管理，对脱贫有实效的贫困户可在第二年里视其家庭能力由牧场追加扶贫贷款 1 万 ~2 万元。

六是按照有关政策，对生活困难的贫困户采取"应保尽保"的方针，给予生活困难补助、医疗救助等，解决其基本生活保障问题和就医问题。同时引导贫困户转变思想观念，自主创业，变"输血"为"造血"，增强贫困户致富奔小康的主动性。

七是科学划分贫困户类型，坚持因人、因贫困类型施策，区别不同情况，做到对症下药、精准滴灌、靶向治疗。

三 坚持开发式扶贫

五连坚持开发式扶贫方针，把发展作为解决贫困的根本途径，既扶贫又扶志，调动扶贫对象的积极性，提高其发展能力，发挥其主体作用。

（1）对缺生产对象、夫妻身体状况良好且夫妻中有1人为职工的3户贫困家庭的扶贫措施如下。

对艾里布拉提家庭扶贫措施：由挂钩干部担保，申请贴息贷款3万元用于发展畜牧业。

对道吾拜家庭扶贫措施：①兜底扶贫，继续享受低保，申请临时救济；②继续放养公羊。

对尔斯开尔旦家庭扶贫措施（因全家文化水平低，不懂得管理，不支持申请贴息贷款）：①兜底扶贫，继续享受低保，申请临时救济；②将次子与父母分户，由挂钩干部为尔斯开尔旦及其次子家庭联系代牧牲畜工作，把好收入与支出关，促进增收减支。

（2）对夫妻身体状况良好且夫妻2人为职工的吾扎提别克家庭扶贫措施：①由挂钩干部担保，申请贴息贷款3万元用于发展畜牧业；②帮助打开马奶销售渠道，增加收入。

（3）对夫妻中有1人为职工且一方身体患病致贫的3户贫困家庭的扶贫措施如下。

对达吾列提拜家庭扶贫措施：①兜底扶贫，继续享受低保，申请临时救济；②在养殖技术上给予指导，引导走品种改良之路，管理好现有牲畜；③为其精神障碍的长女申请大额医疗救助。

对木合塔里家庭扶贫措施：兜底扶贫，继续享受低保，申请临时救济。

对托连姆家庭扶贫措施：①申请临时救济；②托连姆与连队、草原站协调在其退休后让其长子看守草场；③做好次子的思想工作，为其联系代牧牲畜工作，增加收入。

（4）对丧偶（单身）且户主为男职工的2户贫困家庭的扶贫措施如下。

对底里下提扶贫措施：①为其联系代牧牲畜工作，继续放养公羊；②兜底扶贫，继续享受低保，申请临时救济。

对多尔困·麻马江扶贫措施（其身体状况差，无劳动能力，不支持申请贴息贷款）：兜底扶贫，继续享受低保，申请临时救济。

（5）对丧偶且户主为女职工、缺生产对象致贫的帕拉尔古丽·吐黑汗家庭扶贫措施：①由挂钩干部担保，申请贴息贷款3万元用于发展畜牧业；②为其儿子联系工作，增加收入。

（6）对丧偶、非职工、靠低保生活的8户贫困家庭的扶贫措施如下。

对托衣木汗·下一木家庭扶贫措施：兜底扶贫，继续享受低保，申请临时救济。

对库鲁汗·散连巴衣家庭扶贫措施：兜底扶贫，继续享受低保，申请临时救济。

对巴合别尔干家庭扶贫措施：①由挂钩干部担保，申请贴息贷款3万元；②购买30只带羔母羊。

对古丽加玛尔家庭扶贫措施（该家庭无能力放养牲畜，不支持申请贴息贷款）：兜底扶贫，继续享受低保，申请临时救济。

对艾斯亚家庭扶贫措施：①兜底扶贫，继续享受低保，申请临时救济；②管理好扶贫羊，饲草储备由挂钩干部负责解决。

对必开西家庭扶贫措施：兜底扶贫，继续享受低保，申请临时救济。

对孜阿吾提·扎吾提家庭扶贫措施：①由挂钩干部担保，申请贴息贷款3万元，购买5头生产母牛；②兜底扶贫，继续享受低保，申请临时救济。

对阿衣先·节白克拜家庭扶贫措施：兜底扶贫，继续享受低保，申请临时救济。

（7）对父母双亡、非职工的2户贫困家庭的扶贫措施如下。

对吐松拜·巴洋拜家庭扶贫措施：①由挂钩干部担保，申请贴息贷款3万元用于发展畜牧业；②申请临时救济；③为户主联系代牧牲畜工作。

对阿合力江家庭扶贫措施：①由挂钩干部担保，申请贴息贷款 3 万元用于发展畜牧业；②申请临时救济。

（8）对非职工、牲畜少、因病等致贫的 3 户贫困家庭的扶持措施如下。

对努尔太家庭扶贫措施：①由挂钩干部担保，申请贴息贷款 3 万元；②购买 30 只带羔母羊。

对艾力阿斯卡家庭扶贫措施：由挂钩干部担保，申请贴息贷款 3 万元用于发展畜牧业。

对哈衣拉提·伊得力斯家庭扶贫措施：由挂钩干部担保，申请贴息贷款 3 万元用于发展畜牧业。

四　调研对比分析

为了更深入地探讨和研究扶贫问题，发现扶贫工作中存在的不足，我们从调研情况出发，对两个牧场进行比较分析。

从建制来看，北塔山牧场属于新疆生产建设兵团第六师，五连属于新疆生产建设兵团第四师，五连所处边境地带几乎没有发生过边疆冲突，北塔山牧场所处边境地带是兵家必争之地。

从牧场资源来看，北塔山牧场的放牧条件十分恶劣，牧场几乎是寸草不生，养羊的存活率不高。与北塔山牧场相比，五连的放牧条件相对要好得多，养殖着新疆特有的库什台绵羊，个头大，肉质好，存活率高。

从贫困情况来看，北塔山牧场和五连的贫困户主要致贫原因都是疾病。除此之外，北塔山牧场贫困户的致贫原因还有环境恶劣。相比之下，五连的贫困户致贫原因则是劳动力不足，而就业相对充分。

从扶贫工作来看，五连的扶贫工作把扶贫的重点放到了大力发展畜牧业上，这也是他们自身的比较优势所在。五连是个以畜牧业为主的连队，畜牧业是他们生存的根基和收入的主要来源。在扶贫工作中，连队瞄准并紧紧抓住了这个引领脱贫的牛鼻子，利用自己牧场特有的草场优势发展畜牧业，引进银行扶贫贷款，延长和扩大畜牧贷款的年限和额度，鼓励牧民增加养殖数量，同时还给予草场种植补贴，逐步减轻了贫困程度，缓解了贫困人口的困难，取得了实效。对于遭遇的问题，从牧场干部那里听到的反映是发展养殖目前的难点，已经从生产转为销售，虽然养羊的数量增加，但是羊的销路不畅，这成为脱贫的最大障碍。

从市场条件看，两个牧场同处边境地带，与内地市场距离遥远，两个牧场的发展又都离不开市场，都需要依托市场的支撑，但是由于两个牧场的资源禀赋不同，对市场的依赖和需求也就有所不同。比如北塔山牧场由于自身资源的稀缺性，更需要市场的供给，比如更多的是需要市场提供技术支持、资金支持，通过基础建设来发展经济。而北塔山牧场作为距离乌鲁木齐最近的边陲牧场，拥有交通便利的优势。五连的资源禀赋相对于北塔山牧场占有优势，但其作为供给方遇到的问题主要是如何把自己的畜牧产品运送到市场出售，增加畜牧业的收入来保障脱贫不返贫。

通过比较分析可知，五连在资源禀赋方面相对更有优势，他们扶贫措施的实施进度和实施效果更好一些，扶贫工作见效更快一些，返贫状况更少一些。北塔山牧场资源相对匮乏，虽然北塔山牧场在脱贫攻坚工作中执行了兵团的战略部署，并且规划了多种多样的扶贫方案，但在实施过程中，见效相对缓慢，落实难度较大，需要投入更多的资金和力量加以推动。

习近平总书记在谈到扶贫工作时曾经告诫说："要精准扶贫，切忌喊口号，也不要定好高骛远的目标。"扶贫政策不能"一刀切"，应因地制宜区别对待，个性化解决问题。由于牧场之间存在差异，在扶贫过程中，对于两个牧场遭遇的问题也需要有差别地处理和解决，实事求是，根据牧场的比较优势，相应地投入人力、物力和财力，实施有针对性的政策，精准发现问题、解决问题，因地制宜，因人施策。两个牧场均从自身的实际出发，采取了相对灵活的政策，重点解决扶贫中的比较劣势，发挥比较优势。北塔山牧场的贫困程度更深一些，因此，更加注重对老弱病残贫困户的帮扶，给予更多的政策优惠，在就业上，优先考虑困难群体的扶助，安排一些有能力的贫困户担任护边员，为他们联系就业岗位。五连侧重发挥畜牧业的比较优势，重点帮助贫困户争取更大的贷款额度和更长的贷款年限。这些成功的扶贫经验也值得总结推广，这些措施为尽快摆脱贫困、增强贫困户脱贫的内在动力起到了积极的推进作用，取得了令人满意的实效。

第五章

北塔山牧场扶贫经验报告

第一节　北塔山牧场扶贫经验

扶贫开发事关兵团发展和新疆稳定大局。因此，北塔山牧场党委一直把消除贫困作为一项惠及兵团职工群众的伟大事业来抓，其主要经验可以概括为以下几点。

一　加强组织领导

加强组织领导，进一步健全精准扶贫工作长效机制，是牧场扶贫的关键。由牧场党委承担主体责任，加大精准扶贫的力度，负责制定精准脱贫攻坚计划以及精准扶贫实施方案，做好项目安排、资金来源计划编制、进度安排、项目落地、资金使用、人力调配、推进实施等工作。加强扶贫工作管理，做到"五张图""三本账"。做到"五张图"，即贫困对象分布图、任务进度分解图、致贫原因反映图、计划措施细致图、年度进出动态图。做到"三本账"，即贫困职工群众脱贫计划进度账、脱贫措施办法账、脱贫帮扶责任账。切实做到一户一本台账、一户一个脱贫计划、一户一套帮扶措施，落实"一户一策一干部"。

二 明确扶贫脱贫目标

一是健全一个"全"字。健全扶贫组织部门，是落实扶贫工作的基础。为使北塔山牧场扶贫开发工作早见成效，牧场党委争取各方面支持，整合资源，综合施策，发展经济。为促进脱贫致富，2012 年兵团成立了"兵团加快民族团场经济社会发展工作领导小组"，制定下发了《兵团党委 兵团关于加快少数民族聚居团场经济社会发展的实施意见》（新兵党发〔2012〕21 号）。师市也相应成立加快民族团场经济社会发展工作领导小组，进一步明确了分工和主要责任人，建立了定期通报制度和工程建设专人负责制度。同时，按照兵团扶贫开发工作电视电话会议精神，将兵团少数民族聚居团场扶贫工作列入年度考核重要内容，制定少数民族聚居团场扶贫开发三年行动计划和贫困团场脱贫时间表，使扶贫开发工作有计划、有目标、有组织、有秩序地开展，为完成兵团扶贫开发任务，提供了组织领导保障。2014 年根据《兵团贯彻落实〈关于创新机制扎实推进农村扶贫开发工作的意见〉实施方案》（新兵发办〔2014〕23 号）和《兵团扶贫开发领导小组办公室关于开展贫困户识别有关工作的通知》精神，为保障师市扶贫开发建档立卡和信息化建设工作的顺利推进，研究制定了《第六师扶贫开发建档立卡工作方案》。牧场根据工作方案要求成立北塔山牧场扶贫开发建档立卡和信息化建设专项工作领导小组，开始了牧场建档立卡工作。

二是落实一个"责"字。制定和完善党政领导干部扶贫工作责任制考核制度，实施党政"一把手"责任制是落实扶贫工作的根本。从兵团到少数民族聚居团场，将扶贫开发任务层层分解，建立扶贫工作目标责任制，把责任落实到人头，把资金落实到项目，把扶贫任务纳入各级党委重要议事日程，增强各级领导干部做好扶贫工作的自觉性和责任感。对扶贫开发工作推进不力、工作进度滞后的相关部门和领导实行问责，从而确保兵团党委的部署和扶贫开发政策在兵团少数民族聚居团场贯彻执行，确保扶贫工作责任制层层落实。

三是明确一个"细"字。针对北塔山牧场经济社会发展的重点、热点和难点问题，兵团第六师制定和出台一系列扶贫政策，使北塔山牧场的扶贫开发路径更加清晰。按照中央制定的《中国农村扶贫开发纲要（2011~2020 年）》文件精神，明确了兵团"十三五"期间消除贫困的思路、目标和工作措施，贯彻落实《兵团党委　兵团关于加快少数民族聚居团场经济社会发展的实施意见》《新疆生产建设兵团贯彻落实〈中国农村扶贫开发纲要（2011~2020 年）〉实施办法》。

四是强化一个"领"字。加强基层领导班子建设是落实扶贫工作的重要途径。首先是选拔优秀干部到基层带领群众脱贫致富。要选拔有文化、有能力、政治觉悟高的领导干部，通过挂职锻炼等方式选派到贫困牧场连队担任主要领导职务，成为牧场脱贫致富的带头人，带领群众奔小康。其次是通过示范引领来带动贫困群众脱贫致富。一方面落实"领导挂点、部门包连、干部帮户"扶贫开发工作责任制，领导干部深入贫困户家中，"一户一策"地谋划脱贫措施，使贫困户切身感受到党和政府的关怀，使社会扶贫资源得到充分利用，有力地推动扶贫开发工作的落实。另一方面，各级各部门领导班子成员带头开展"一对一"扶贫帮困活动，兵团领导率先示范，深入基层，挂钩到团连，与贫困群众同吃住、同劳动，帮助挂钩贫困户谋划发展，制定脱贫措施。再次是注重培养选拔少数民族干部，为精准扶贫提供坚强的组织保障和人才保障。牧场注重培养通晓本地民族语言文字的干部，与当地少数民族群众密切联系，向牧场少数民族群众宣传党的思想和精准扶贫的各项精神，使精准扶贫精神家喻户晓。最后是推进民生工程，加强民族团结。北塔山牧场经过多年的扶贫开发，特别是民生工程项目建设，凝聚了民心，提振了信心，民生优先的执政理念不仅改善了少数民族群众的生产生活条件，增强了广大群众的获得感和幸福感，也有力地促进了民族团结事业的发展。精准扶贫是一项兼具综合性、全局性与战略性的国家工程，民族地区开展精准扶贫工作，其更重要的目的在于通过精准的扶贫模式，彻底消除民族地区的贫穷与贫困，将各族人民的团结真正建立在共同发展的基础上。

三 明确谁来扶、谁来帮

牧场紧紧抓住国家扶贫开发政策的机遇，及时调整扶贫开发战略，贯彻落实"四个结合"方针，即由救济式扶贫转变为与开发式扶贫相结合，由"输血型"转变为与"造血型"相结合，由主要依靠政府力量扶贫转变为政府力量与社会力量、群众参与相结合，由主要依靠财政扶贫资金投入转变为财政扶贫资金投入与强农惠农资金投入、社会民间资本相结合。

一是除了争取中央财政对兵团扶贫开发的资金投入，开展对口援疆省市各种项目的接洽工作，还要将扶贫开发计划纳入对口援疆省市对牧场的援建项目，使这些民生项目真正让牧场贫困群众受益。继续加强与对口援疆兄弟省份的合作。山西省与第六师建立对口支援关系以来，双方的交往更加密切，双方的合作也进一步加强。特别是在扶贫工作中，积极把握山西省对口援助北塔山牧场的有利契机，使北塔山牧场在信息、市场、资金、项目、科技、教育、卫生等方面得到了对口援助省份的大力支持和帮助。

结合牧场实际，将国家和兵团的政策用好用足，推动精准扶贫工作迈上新台阶，从而形成具有特色的大扶贫格局。如针对北塔山牧场各连队，全面实施国家的草原生态保护补助奖励政策，严格执行退牧还草以及禁牧、休牧和轮牧制度，全面落实兑现牧民的草场补贴，确保牧民的收入稳定提高。北塔山牧场依靠山西省作为对口援疆省份的人才和物质支援，加快牧场的基础建设。

二是多渠道推进扶贫开发工作。在上级扶贫开发部门的大力支持下，动员社会各方面的力量，合力推进扶贫开发工作，如与边防派出所组织的"送温暖"活动，为牧场贫困学生捐赠衣物，献出一片爱心。第六师、五家渠市各团场和单位都积极行动起来，全力做好资金援助、技术援助、教育培训援助等工作。一些团场派出教育和医务工作者奔赴北塔山牧场支教、支医；五家渠市政协为北塔山牧场学校捐赠了价值4万余元的儿童图书、文体用品；芳草湖农场为北塔山牧场援建标准化电教室工作已经启动；北塔山牧场团委积极开展针对牧场贫困学生的志愿帮扶工作，并积极联系师市及各团场的志愿者对牧场家庭贫困学生进行捐助。

三是北塔山牧场社政科在师市劳动局的大力支持和帮助下，加强参保工作力度，群众参保意识有了很大提高，参加社会保险人数逐步增长，达到了师市"双九五"的目标。同时牧场发动社会力量参与扶贫工作，掀起新一轮扶贫济困、奉献爱心的高潮。牧场积极开展宣传活动，拓宽扶贫渠道，提升扶贫成效，使扶贫开发工作更加有序地进行，促进贫困群众早日脱贫致富。

四是积极开展"访惠聚"帮扶活动，提高扶贫精准度。兵团于2014年开始的"访惠聚"活动，由兵团各师（局）、科研院所和企业派出人员对所在师、团场进行扶贫攻坚。"访惠聚"工作组针对牧场扶贫工作中贫困人口底数不清、情况不明、针对性不强、扶贫资金和项目指向不准的问题,开展精准扶贫摸底调查工作,收集了大量的数据和资料,为制定下一步脱贫计划奠定坚实基础。

四 坚持整连入户、整连推进

兵团结合少数民族聚居团场的实际,把解决温饱的工作指标量化到户。扶贫资金是国家财政直接拨给兵团团场的,资金来之不易,极为宝贵。北塔山牧场对这笔资金十分珍惜,切实将每一分钱都用在刀刃上。牧场集中财力,保证投入力度,优先解决与贫困户切身利益关系最为密切的问题,坚持扶贫到连、到户,确保贫困户受益。实行建档立卡,明确扶持对象,贯彻"五到户"原则,切实保障各项扶贫政策落实落地,使受扶持对象真正得到有效帮扶。同时,采取多种扶贫方式,通过探索"一帮一"结对子、专业合作社扶贫、小额贷款扶贫等形式和做法,不断丰富和完善具有兵团特色且符合牧场扶贫到户要求的扶贫模式。

五 精准识别、精准帮扶

牧场首先要精准识别贫困户,采取分类施策,解决"扶持谁"的问题。

一是树立信心。要相信"信心比黄金更重要",要敢于发扬自力更生、艰苦奋斗精神，积极参与扶贫项目建设，加快脱贫致富的步伐。

二是建档立卡摸清底数，真正做到真扶贫、扶真贫。按照扶贫对象精准、项目安排精准、资金使用精准、措施到户精准、因连派人精准、脱贫成效精准的要求，定点帮扶，实行对贫困户的逐户摸底，建档立卡，登记造册，对贫困人口建立电子档案，做到户有卡、连有册、团有网，确保精准推进、精准落地、精准扶贫、攻坚脱贫见成效。

三是切实解决牧场扶贫工作存在的"漫灌"问题，改"大水漫灌"为"精准滴灌"。建立精准扶贫工作机制，建立扶贫信息识别系统，制定差异化扶持政策，分类施策，实行"一团一策、一户一策"的方针，做到项目覆盖到户、政策落实到户、帮扶措施到户、科技服务培训到户、效益兑现到户，确保牧场贫困人口真正得到实惠。

四是完善指标数据，解决"如何退"问题。通过"回头看"数据清洗更新工作，进一步完善建档立卡指标体系，对建档立卡贫困户信息系统中空项、漏项、错误数据进行补充和更正，建立扶贫开发大数据分析应用平台。通过"回头看"工作，对建档立卡的贫困户信息进行更新完善，对其中人员变化、人均纯收入、致贫原因等重要信息进行核实修订，确保建档立卡贫困户数据的准确性和真实性。

五是选取帮扶人，落实帮扶机制，解决"谁来扶"的问题。通过"回头看"数据清洗更新工作，牧场进一步健全帮扶机制，落实帮扶责任。牧场的贫困户由牧场领导作为帮扶人，连队的贫困户由连队第一书记作为帮扶人，场直各单位的贫困户由其所在单位的主要领导作为帮扶人，重点解决好"谁来扶"的问题。杜绝帮扶责任流于形式、帮扶效果差、贫困户帮扶责任人落实不到位、措施不到位等问题。

六　加强基础设施建设

扶贫攻坚中也要加强牧场基础设施建设，改善少数民族职工群众生产生活条件。把基础设施建设好，才能拴心留人戍边。

党的十八大报告明确指出，要以保障和改善民生为重点，加强和创新社会管理，要多谋民生之利，多解民生之忧，解决好人民最关心最直接最现实的利益问题。解决民生问题的各项政策措施是否落到实处，取决于民生改善的成果是否被百姓所感知。牧场要牢牢抓好贫困连队的基础设施建设，大力改善贫困连队的基础设施条件，使连队的"稳定器"功能得到进一步发挥。因此，要加大对贫困连队生产生活基础设施的投资力度，建设一批让贫困连队职工群众直接受益和改善贫困连队落后面貌的项目，即开展公路硬化、农田水利、人畜饮水、公共卫生、广播电视公共服务能力建设等。牧场通过扶贫信贷资金、财政发展资金、兴边富民资金、兵团专项扶贫资金、对口援疆资金和以工代赈资金等，以加大投入为重点，推进基础设施建设，切实从人民群众的日常生活着手，改善牧场群众的生产生活条件，从而确保牧场群众安得下、守得住、早脱贫、快致富。

七　建立长效挂钩扶贫机制

一是结合牧场实际和优势，积极为贫困连队确立发展思路，寻求脱贫突破口，为贫困连队提供信息、技术帮助和财力、物力支持。二是利用挂钩扶贫情况通报会和挂钩扶贫工作座谈会，促进帮扶单位交流经验，进一步明确扶贫方向和任务，增强做好挂钩扶贫工作的责任心。三是帮扶单位认真落实帮扶工作责任，建立帮扶长效机制。

八　推进产业扶贫，实现多元增收

习近平总书记强调："要脱贫也要致富，产业扶贫至关重要。"产业兴，则穷根除、百姓富。北塔山牧场党委坚持推进产业扶贫，实现多元增收。

模式一：发展养殖合作社，积极探索因地制宜的多元化发展模式。鼓励一批建档立卡贫困户参加养殖合作社，采取"合作社＋贫困户"的运营模式发展生产。加强合作社建设和管理，解决好合作社发展过程中缺资金、缺技术、缺信息的问题。现今牧场各连队都有养殖合作社，牧场贫困户通过加入养殖合作社实现可持续增收、稳定脱贫。

模式二：开展技能培训，转移富余劳动力。北塔山牧场土地贫瘠、草场退化的特点造成了劳动力就业难的问题。根据兵团领导要求，北塔山牧场实施劳动力转移策略，进一步拓宽牧场群众增收渠道。举办各种实用技术培训班，通过提升劳动者技能帮助一批劳动力到城市就业。这些劳动者在接受技能培训后，都在不同程度上提高了综合素质，更新了观念，开阔了视野，可以说在某种程度上"换了脑子"。通过技能培训，实现技能武装，再通过转移就业，让牧民凭本事吃饭，靠勤劳致富，无疑是助力脱贫攻坚、稳固扶贫成果的好办法。

模式三：积极申请扶贫资金，做好金融扶贫工作。金融扶贫是扶贫开发的重要制度安排，是脱贫攻坚的重点工程。在政府的引导和支持下，由政策性、商业性和合作性金融机构共同参与实施，主要面向贫困地区和贫困群体提供政策性金融、商业性金融和合作性金融等金融服务，尤其是通过小额信贷工具扶持低收入群体和贫困户生产和经营，帮助其摆脱贫困，增加收入，实现自力更生，提高经济和社会地位。

北塔山牧场畜牧三连是一个边境连队、贫困连队，连队牧民多年来都有贷款的需求，但因除牲畜外没有抵押物，难以获取银行信贷支持。五家渠诚信融资担保有限公司获悉这个情况后，积极组织工作人员专程前往北塔山牧场，逐户走访有贷款需求的牧民，决定采取五户联保、牧场机关及连队干部分别与联保户挂钩保底的办法，对牧民进行小额贷款支持。

2016 年初师市确定新疆新农现代投资发展有限公司为北塔山牧场帮扶单位，牧场党委研究决定出资 600 万元入股该公司，通过每年12%的分红发放给牧场300户贫困户，确保贫困户每年增收2400元，帮助贫困户脱贫。为了能让扶贫资金充分发挥其效益，本着自愿、公平、诚信原则，牧场与连队各贫困户签订了委托入资协议书，由牧场贫困户委托牧场将资金入资到龙头企业收取分红，然后由牧场将分红发放给各贫困户，为贫困户发展生产提供了资金保障。

模式四：利用民族传统文化，充分发挥妇女在扶贫开发中的积极作用。《新疆生产建设兵团贯彻落实〈中国农村扶贫开发纲要（2011~2020年）〉实施办法》（新兵党发〔2012〕22号）明确提出，"积极组织和开展妇女扶贫工作，广泛实施妇女创业兴家扶贫工程，充分发挥妇女在扶贫开发中的积极作用"。哈萨克毡绣、布绣是国家级非物质文化遗产，北塔山牧场与红旗农场为了将这宝贵的非物质文化遗产发扬光大，在三场槽子牧民安置点修建了200多平方米的毡绣、布绣生产基地。牧场的妇联为帮助贫困户创业建立了妇女刺绣扶贫联合体，还聘请专业教师举办手工编织、刺绣等培训班，并把培训班办到牧场、连队，方便少数民族群众参加培训，让他们在自家门前就能增长知识、掌握技能、学到技术。聪明能干的哈萨克族妇女用灵巧的双手制作出来的绣制品，手工细、色彩鲜、图案多，备受客户青睐。积极发展民族手工艺既发挥了哈萨克族妇女自身特长，实现了创收增效，提高了生活水平；又将哈萨克族传统刺绣工艺传承创新，并赋予新的内涵。

模式五：推动生态移民定居，促进绿色发展。习近平总书记指出，"保护生态环境就是保护生产力，改善生态环境就是发展生产力"，"既要绿水青山，也要金山银山"，强调扶贫不能以牺牲环境为代价，要把生态环境保护放在更加突出的位置，强调在生态环境保护上一定要算大账、算长远账、算整体账、算综合账。守住绿水青山，推进绿色发展，建设美丽牧场，践行生产发展、生活富裕、生态良好的边境科学发展之路，是各级党政共识，也是牧民所盼、发展所需。出于北塔山牧场草场退化严重、载畜量低等原因，这里已经不适合大量哈萨克族牧工居住，必须要有一部分牧工从山上迁下来，以保护牧场生态环境。为解决如何让这部分牧工既从山上迁下来有居住的地方，又能使其不脱离自己擅长的畜牧主业的这个难题，北塔山牧场党委和一零二团协商，联合一零二团的鑫宝牧业推行牧场牧工下山定居、进城务工的模式，由鑫宝牧业吸纳牧工来企业就业，带动牧工增收。通过生态移民定居和入园（场）的方式，不但使草原生态环境得到恢复，而且整合公共服务资源完善公共服务体系，确保牧工群众搬得来、留得住、能致富。更重要的意义在于通过在企业就业，使哈萨克族职工和汉族职工共同生产生活，提高了养殖技能，互学了语言，增进了感情，促进了民族团结。

模式六：精准脱贫，重在扶智，要把教育扶贫摆在脱贫攻坚突出位置来抓。"扶贫先扶智""治贫先治愚""再穷不能穷教育"，这是具有普遍意义的扶贫政策导向。北塔山牧场地处中蒙边境，教育事业发展相对滞后，牧场的贫困人口文化素质相对较低，思想相对保守，很多贫困户不同程度地存在着"等靠要"思想，意识和思想的贫困也是导致生活贫困的原因。

一方面高度重视教育扶贫的特殊地位和作用，通过教育培训等方式，不让贫困户子女"输在起跑线上"，杜绝贫困代际传递。牧场工会通过贯彻师市《关于大力推进大众创业万众创新的实施方案》精神，提高工会服务职工能力，鼓励和扶持职工创业创新，举办了"双创"职工教育培训班，为贫困家庭提供教育培训机会。另一方面积极开展"金秋助学"活动，全力实施"金秋助学"工程，为贫困大学生提供助学金；牧场共青团通过抓好助学帮困工作，充分整合社会资源，积极争取援助资金，加大对贫困学生的帮扶力度。

模式七：设立救助资金，建立医疗保险制度和大病救助机制，确保社保兜底。一是落实财政性补贴，兜底精准扶贫，保障贫困户基本生活。李克强总理于 2015 年 11 月 6 日在政协十二届常委会第十三次会议上讲道："扶贫攻坚是全面建设小康社会的一个标志性工作……要采取'精准扶贫'的办法，就是要扶贫到户……中东部地区地方配套能力相对强一些，我们乐见各地以更快的步伐脱贫。我们不会也不能让一个贫困户享受不到国家政策。对于确实没有能力脱贫的贫困人口，国家也要通过完善低保、医保等政策，织牢民生兜底的'安全网'。"牧场将进一步落实良种补贴、草原生态补贴等惠农优惠政策，同时新增公益性岗位，为贫困群众提供就业机会。二是建立健全特殊群体关爱服务体系。对牧场丧失劳动能力的贫困人口实施兜底性保障政策，为因病致贫的贫困人口提供医疗救助保障，做好低保政策和扶贫政策的衔接，实现对贫困人口的全覆盖。

模式八：开展民族团结活动，加快脱贫奔康步伐。民族一家亲，扶贫心连心。按照兵师党委要求，为进一步增进各民族之间的感情，使社会更加安定，同时为全面贯彻落实党的民族政策，牧场紧紧围绕社会稳定和长治久安总目标，充分发挥兵团"稳定器"、"大熔炉"、示范区作用。北塔山牧场组织机关各部门以及连队领导召开"民族团结一家亲"活动动员大会，同师市相关结对部门认真对接，制定下发了《北塔山牧场开展"民族团结一家亲"活动的实施方案》。牧场与师国土资源局、水利局、建设局、教育局、师市"两办"已完成结对认亲工作。通过"民族团结一家亲"活动，加强了各民族交往交流交融，促进了各民族和睦相处。通过积极开展"一对一"结对认亲工作，切实把开展民族团结活动与精准扶贫紧密结合起来，集中精力解决关系牧场贫困群众切身利益的问题，多办实事、好事，加快脱贫奔康步伐。

模式九：整合各连队产业发展方向，发展特色产业促进增收脱贫。牧场各连队根据自然条件和要素禀赋、经济发展水平和市场条件等方面的特点，积极探索创建多种产业扶贫模式：畜牧一连依托夏牧场以发展民族特色旅游业为重点；畜牧二连依托国道（G331线）和新能源产业园区以发展三产服务业和劳动力输出为重点；畜牧三连主要以发展民族传统手工艺品和边境观光为重点；草建连以发展大棚蔬菜和土豆种植、生态旅游为重点；

农一连和农二连以发展农业为重点，通过推广"公司＋基地＋农户"等扶贫模式，支持有特色、有优势、有市场的农业综合开发项目，积极培育新的经济增长点。

模式十：利用边境口岸促进扶贫开发。目前，中蒙边境的乌拉斯台口岸是除航空口岸之外距离乌鲁木齐最近的口岸。依照国家共建"丝绸之路经济带"的倡议，口岸的建设和开发利用将能够极大地促进蒙古国和俄罗斯等与新疆地区边贸的发展。

模式十一：鼓励引导土地流转，大力发展大棚蔬菜。鼓励引导贫困群众积极参与土地流转，盘活闲置土地，用于发展大棚蔬菜，拓宽收入渠道，实现互利双赢。投资兴建蔬菜大棚，开展大棚蔬菜种植，既解决牧场蔬菜供给问题又增加了贫困户收入。对因贫困户缺劳动力、缺技术而无力管理的蔬菜大棚，由种植大户和村干部对其进行托管，促进了蔬菜大棚管理水平和质量效益的提升。

模式十二：通过科技精准扶贫促进增收脱贫。按照兵团党委和第六师党委的安排部署，确定第六师农科所精准扶贫的对象为北塔山牧场，主要的工作是进行科技扶贫，重点扶贫连队是草建连。针对草建连的现实状况，就草建连日光温室种植什么作物、怎么管理进棚种菜的牧民、如何销售农产品和如何发挥瑞丰种植合作社的作用，农科所和草建连双方进行了详细讨论。农科所就科技人才扶贫计划、种植计划和牧民培训计划以及培训内容与草建连进行了沟通，同时还到实地去查看了草建连新建的日光温室的状况，为下一步的扶贫工作打好基础。

第二节　北塔山牧场扶贫调研专报

北塔山牧场的贫困人口主要由归编到兵团牧场的本地户籍人口构成，他们以转场放牧为主。当地缺水严重、草场退化、畜牧减产、产业单一、再生产能力严重下降等造成了贫困。加上天气寒冷，居住的帐篷、房屋条件简陋，在户外放牧时常受严寒侵袭，以及摄入食品单一造成了风湿性关节炎、心脏病和高血压等地方病高发，一直以来危害着牧民的健康。同时就医支出过大，再加上丧失劳动能力，更加重了贫困。为抓住机遇实现脱贫，我们在调研中亲眼看到兵团牧场在扶贫攻坚工作中付出的持之以恒的辛勤劳动，取得的巨大成绩；同时我们也感觉在一些细节上还存在不足，也需要补齐短板。

一　推广汉语教学

北塔山牧场地处哈萨克族聚居的边境地区，兵团应高度重视边疆民族地区的汉语普及教育，大力开办多种形式的成人汉语学习班，强化汉语教育，通过掌握汉语，学习文化技能，脱贫致富，维护边境的长期稳定和发展。增加每年内地教师援疆支教的人数，特别是援助贫困地区的教师数量，提升边疆贫困地区的师资力量。同时，组织好边疆贫困地区教师到内地培训。

二　做好安居设计

实地考察的畜牧二连的转移搬迁安置房已经可以满足逾百户的牧民入住，大大改善了牧民的居住条件。但在调研中发现还有一些不尽如人意之处，有待进一步改善。比如可以加盖一个储藏室，进一步扩大居住面积以便接待亲戚朋友；按当地习俗，把厨房跟厕所分开。

三　提供生活便利

建立便民直销蔬菜店，方便居民购物；建立文体活动室，用于开展民族文化交流活动等，以满足居民的期待。

四　打造宜居生活环境

兴建连队队部，将办公室和宿舍分开建，建成有澡堂、统一烧暖气的连队干部办公住宿房。

五　加大针对性医疗援助

北塔山牧场地处边境地区，气候恶劣，食品单一，是风湿性关节炎、心脏病、高血压的高发区。进一步提升北塔山医院的医疗救助水平，添置诊断仪器设备，加强地方病的救治，是改善当地贫困状况的重要手段。同时也要加强医院的卫生管理，把疾控中心与食品监督所分开，避免交叉感染。此外，加大力度引进援疆的风湿性关节炎、心血管疾病的高级专科医疗技术人才，提升医疗救治水平，也是当务之急。要发挥医疗援疆作用，让少数民族群众享受更好的医疗服务。

六　提高戍边待遇

新疆地域辽阔，资源分布不均，地区之间的差距很大。北塔山牧场地处边境，自然环境恶劣，戍边和安居成本明显高于周边地区。调研中遇到一些机关工作人员反映，希望调整北塔山区域类别，由三类地区调整到五类地区，以增加职工收入，提升边境地区贫困牧场的艰苦边远地区津贴标准。

七　设立援疆戍边贡献奖

要加大对驻疆和援疆干部的奖励力度。在调研中发现，部分来此工作的大学生收入较低，不利于年轻人在边境民族贫困地区安心工作和生活。兵团可考虑设立"援疆戍边贡献奖"，每月发放一定的补贴，以吸引更多的年轻人落户北塔山牧场，让他们安居乐业。

八　实现经济发展与改善民生的有机统一

北塔山牧场也有比较优势，比如牧民对兵团的认同度较高，连队管理效率高等。另外，乌拉斯台口岸虽然是季节性开放，但它是除了航空口岸之外距离乌鲁木齐最近的口岸，随着中蒙俄经济走廊的发展，也将在一定程度上带动北塔山牧场的经济发展。另外，从长远发展来看，建议北塔山牧场从以下两个方面着手，实现经济发展与改善民生的有机统一。

一是因地制宜转变单一生产方式。目前，草建连利用修建的水库，在连队附近兴建蔬菜大棚，交给牧民种植。同时，还利用滴灌技术发展苜蓿和马铃薯种植。这种发展种植业的方式，为改变牧民传统游牧方式、渐次实现产业转移提供了有益的借鉴。

二是根本解决水源问题。北塔山牧场水源不足，草场退化十分严重。据我们的亲身体验，牧场宾馆的洗澡用水都隔三岔五地停供，牧场严重缺水的问题阻碍了当地大棚种植业和畜牧业的发展。寻找新的水源，扩容水库，是从根本上解决北塔山牧场供水问题的关键。组织专业技术人员实地考察，集中资金开发水源，将有利于种植业和畜牧业的发展。

九 扶贫经验借鉴

目前北塔山牧场的脱贫攻坚工作已经逐步进入冲刺阶段，要完善监督和绩效考核机制，避免假脱贫、数字脱贫、被脱贫现象。定点扶贫、注重实效，成为今后工作的重点。为此，我们推荐贵州贫困地区的扶贫经验仅供参考。

（一）试行挂牌帮扶

为进一步强化帮扶人员的责任落实，可以考虑参照贵州扶贫经验试行挂牌帮扶。为建档立卡的贫困户挂牌，注明贫困户姓名、建档立卡时间、致贫原因、帮扶责任人姓名和电话。好处是，贫困户有困难可直接打电话联系帮扶责任人解决，帮扶责任人可以迅速了解贫困户面临的问题，精准入户，责任到家。

（二）建立党员干部帮扶制度

建立党员干部结对帮扶责任制。把一家一户的帮扶责任落实到连队每个党员干部身上。贫困户一个电话可以反映遇到的困难，上级一个短信可以实时了解帮扶情况。

（三）关心培养扶贫干部

建立完善的驻村干部帮扶机制，是贵州地区扶贫成功的重要经验。牧场应进一步做好驻连干部选派工作，设立民情联络员，在牧场的统一领导下，安排扶贫工作进度，具体协助连队扶贫任务的落实，并进行监督、检查，及时汇报扶贫工作情况，反映问题，起到上传下达、监督管理的作用。鉴于驻连扶贫干部长期工作在扶贫一线，工作辛苦，应给予驻连扶贫干部补助和奖励。

以上想法仅供有关部门参考，我们相信，在兵团党委领导下，充分利用兵团的特殊优势，实现北塔山牧场的脱贫指日可待。

第三节　北塔山牧场扶贫实效考察报告

真扶贫还是假扶贫，不是靠政绩吹出来的，而是要看是不是实实在在干出来的；扶贫干得好不好，不是靠成绩单摆出来的，而是要看群众的获得感是增加了还是减少了。为鲜活、真实、生动地反映兵团扶贫特色，展现牧场扶贫实效，整合可复制、可推广的经验，避免数字脱贫，课题组特别把亲耳所闻、亲眼所见的扶贫案例进行整理编写，尽量通过实地考察、记录受访者的切身感受，评判扶贫举措给牧民带来的获得感，作为案例分析，从多个扶贫视角考察扶贫效果。

一　转变观念脱贫案例

转变观念是脱贫的内在动力，观念转变了，就可以产生脱贫的主观能动性，有助于改变"等靠要"的被动状况。

【案例1】劳动致富

我是畜牧三连贫困户牧民阿古杜拉[①]。我们家现在是畜牧三连收入最低的家庭。我今年的计划是：不要因为自己经济条件不好而闲着，做好计划，省吃俭用，和连队领导取得实际联系，改变自己的旧思想，向优秀

---

① 本书涉及的案例中所有人名均系化名。

的家庭学习，增加家庭经济收入，争取早日脱掉贫困帽子。

现在党的政策在各地持续推行，我们每个人享受着这么好的政策，还不脱贫那真是太丢人了。我自己有50只小羊，再加上给别人家放牧150只羊，他们每月会给我3500元，放羊时间6个月，6个月能挣21000元；此外，担任护边员每月收入2000元，每年24000元。按照计划，我相信我会走出贫困，赶上条件好的家庭。

案例分析：这是一位来自畜牧三连的哈萨克族牧民，朴实憨厚，由于语言交流的困难，他把自己亲身经历的扶贫过程，写成书面汇报交给我们，让我们看到了贫困牧民靠劳动致富的前景，感受到了牧民脱贫的信心和干劲。

【案例2】观念脱贫

我是畜牧三连脱贫户牧民努热部提。我以前在连队属于家庭经济条件较差的，也属于贫困家庭中的一员。在党的好政策的支持下，我严格要求自己和家人，和连队领导们合作，遵照脱贫计划，努力工作增加收入来源，到2017年，家中人均收入水平赶上了经济条件好的家庭。

能脱贫主要就是家中严格执行计划，要省吃俭用，消除旧思想，家里人一起讨论，让自己的孩子出去找工作挣钱，增加的收入除了解决日常的花销还有富余。而且通过担任护边员，每月还有固定收入，家庭经济水平比过去明显有所提高，进入了先进家庭的行列。从此以后，要更加努力，增加收入当模范，继续前进。

案例分析：常听到贫困户"等靠要"思想严重是脱贫的最大障碍，这个案例生动说明，要相信群众、依靠群众，只要把群众发动起来，他们就会产生强大的内生动力，脱贫就能够实现。这类案例很多，很生动，是兵团扶贫绩效的真实反映。

二 兜底帮扶案例

兜底扶贫是扶贫的底线，要扶的是真贫。

【案例3】兜底扶贫

牧场按照国家规定，为低保贫困户发放最低生活保障金，每月350元，这样低保户每年可以获得4200元的补助，保障了低保户的最低生活需求。另外，大部分牧民有城镇居民基本养老保险或城镇职工基本养老保险。

案例分析：兜底社保在牧场已经实现了全覆盖，每次问到老了以后靠什么生活时，大部分牧民会说我有基本养老保险。

【案例4】救助脱贫

我是草建连贫困职工哈得拉明。我今年54岁，家有5口人，妻子患有精神病，因为贫困就靠着最低保障金维持生活。妻子长期患病，到处治疗，每月花费上千元，钱不够就找亲朋好友去借，有了钱就还。我年龄也大了，干活不得力，加上一个孩子上高中，一个孩子待业，家里的生活就更加贫困了。2016年，在牧场领导及连队领导的帮助下，在国家各种有利政策的扶持下，我当上了护边员，就靠这些工资和补助，维持一家人的生活。

案例分析：牧场哈萨克族群众生病致贫的现象很普遍，这种精神疾病听说在新疆牧区也很常见，还不了解致病的原因。牧场的兜底救助确实给贫困家庭解决了很大困难，这也是牧场脱贫攻坚工程中最普遍、惠及面最大的扶贫项目。

三 医疗保障案例

条件艰苦的边远地区缺医少药，医疗保障要做到位、做到家，很不容易。要大力实施医疗保障工程，让牧民有病可看，有药可医。

【案例5】医疗扶贫

牧场2012年居民医疗保险覆盖率为90.85%，2013年居民医疗保险覆盖率为92.26%，2014年居民医疗保险覆盖率为95.96%，2015年居民医疗保险覆盖率为96.78%，2016年居民医疗保险覆盖率为98.8%。与此同时，牧场为居民办理大病医疗补助，发放医疗救助、生育奖励等资金。2012年发放医疗救助金1.65万元；2016年发放计划生育奖励资金58万元，发放大病救助资金3万元。

案例分析：兵团牧场的全民医疗制度使每一个贫困家庭受益，取得了让牧民满意的实效。

【案例6】健康扶贫

①建立居民健康档案。②提高接种质量。③开展健康教育。近年来，为了普及社区卫生服务相关政策法规及多发病、常见病的预防知识，开展了多次宣传活动并发放了各类宣传资料。④传染病及地方病管理。牧场医疗机构对辖区麻疹、手足口病、流感、禽流感、结核、艾滋病、AFP病进行流调和采送样检测等监测预防工作，近些年牧场未暴发传染病疫情和突发公共卫生事件。牧场地方病主要为"布病"，师卫生部门在牧场设置现场监测点，完成牧场布病调查及采血检查。

案例分析：牧场把建立健康档案作为重要的扶贫任务来抓，每年有检查、有汇报。

【案例7】保健扶贫

享受新疆维吾尔自治区全面体检健康工程，牧场实现全民免费体检。

案例分析：这显示出兵团扶贫的优势，每年体检在其他边远地区很难做到。

四 教育文化扶贫案例

扶贫先扶智。让贫困地区的孩子们接受良好教育，是扶贫开发的重要任务，也是阻断贫困代际传递的重要途径。改善落后的教育条件、丰富边远少数民族地区的文化生活是扶贫工作的重中之重。

【案例8】义务教育

按照国家政策，牧场实行免费12年义务教育。通过国家的教育扶贫工程，牧场小学在2015年以后确保了经济困难的学生不因贫困而失学。兵团第六师、五家渠市选择

图 5-1 北塔山牧场幼儿园

（沈进建拍摄，2017年6月）

经济发展相对较快的团场对口帮扶北塔山牧场 6 个连队，派出医生、教师和干部到北塔山牧场支医支教、挂职锻炼。

案例分析：新疆有些地方已开始实行 15 年义务教育，基本保证了贫困家庭孩子就学。要加大边疆地区师资投入力度，加大师资培训力度，提升师资水平，让边疆学校与北京、上海、广州、天津、重庆等城市的学校精准挂钩、对口交流，可组织边疆学校的教师到大城市的优质中小学进行培训。

【案例 9】文化扶贫

实施送电影下连队工程，全年免费为职工群众放映电影。举办文艺汇演、歌咏比赛等活动。开展阿肯阿依特斯、赛马、叼羊等群众性文化体育活动。做好牧场广播电视站建设，丰富群众文化生活。

图 5-2　北塔山牧场幼儿园小朋友

（邹青山拍摄，2017 年 6 月）

案例分析：文化最能打动人心，应积极实施文化扶贫，大力推进文化建设。丰富牧场的文化活动有益于提升兵团的凝聚力，创建积极向上的精神形态，为脱贫致富构建精神动力。

五 产业就业扶贫案例

增强内生动力是增收脱贫的根本保证，必须下大力气，通过多渠道激发和提升内生动力和发展能力。

【案例 10】转移就业扶贫

开展劳务输出培训，提高贫困群众自身发展能力。根据兵师领导要求，北塔山牧场实施劳动力转移策略，组织数百人到五家渠技校培训，到华孚、恒大以及周边煤矿等地打工。这些劳动者在接受技能培训后，都不同程度上提高了综合素质，更新了观念，开阔了视野，可以说在某种程度上"换了脑子"。

图 5-3 北塔山牧场小卖部
（邹青山拍摄，2017 年 6 月）

案例分析：实现转移就业的主要是牧场的哈萨克族年轻人，他们可以说汉语，并有意愿到外面打工。这种做法帮助年轻人解决了就业和增收的部分问题。还有一部分人因语言和劳动能力的问题，不适应打工环境，不愿意外出打工或外出打工没多久就又回来了。

【案例11】巡边扶贫

根据牧场履行屯垦戍边使命的要求，牧场党委将国家扶贫政策和地方特色相结合，建立了巡边制度，设立了护边员，并要求适当安排贫困户和低保户成员担任护边员，这样既可以完成边境巡边任务，又可以增加贫困户和低保户的收入。

牧场护边员的工资收入由2016年每月的700元增长到2017年每月的2000元，可为贫困家庭提供最基本的生活保障和稳定的收入来源。同时，牧场又给每位护边员配发一台摩托车和一条巡边狗，增强了巡边的保障能力。

图5-4　北塔山牧场中蒙边境线

（沈进建拍摄，2017年6月）

案例分析：巡边员制度是维稳戍边、安边固疆的制度，这既增强了牧场的戍边力量，又通过选用贫困户成员担任护边员，起到了缓解贫困的作用。

【案例12】产业扶贫

牧场推动产业精准扶贫，发展养殖合作社，开发多元增收模式，引导群众多元增收，多方面开辟脱贫途径。牧场在草建连和畜牧三连建立饲草料基地。针对贫困户发展产业存在的实际困难，整合资源突出发展养殖业，鼓励通过"合作社＋贫困户"的运营模式发展生产。现今牧场各连队都有养殖合作社，各连队贫困户通过加入养殖合作社实现增收。

案例分析：这种做法对不懂汉语的贫困户来说，难度比较大，主要通过连队来组织实施。

图5-5 北塔山牧场蔬菜大棚

（邹青山拍摄，2017年6月）

【案例 13】种植扶贫

牧场"健康工程"取得突破性进展。受地理环境、气候等因素影响,之前北塔山牧场一直不能种植蔬菜,职工群众平时吃的蔬菜都需要从数百公里外运送到牧场。为解决这个关乎职工群众身心健康的问题,2014年,牧场党委加大"三化"建设的投入力度,在农业方面大力推广应用种植新技术,投资152万元兴建8座反季节温室蔬菜大棚,每座大棚占地680平方米。牧场自筹资金,铺设引水管网及建设配套滴灌设施。大棚蔬菜种植的发展使北塔山牧场牧民群众能够吃上自产蔬菜。2016年,在草建连又扩建16座大棚,由连队集体管理,挑选出有经验的牧民尝试种植大棚蔬菜。投建蔬菜大棚旨在解决北塔山牧场各个连队的职工群众吃菜难问题,提升职工群众健康水平,同时发展生产拓宽增收渠道。该项目的投入,激发了贫困户种植大棚蔬菜的热情。

案例分析:在连队的安排下,调研团队深入蔬菜大棚参观发现,大棚主要种植卷心菜、茄子、辣椒、黄瓜等作物,由专人负责种植,目前种植面积不大,但可以解决连队职工群众吃菜难问题,还可以供应牧场的菜店出售。

【案例 14】科技扶贫

按照兵团党委和第六师党委的安排部署,确定第六师农科所精准扶贫对象为北塔山牧场,主要进行科技扶贫,重点扶贫连队是草建连。针对草建连的现实状况,农科所北塔山服务团队全体成员就草建连日光温室种什么作物、怎么管理进棚种菜的牧民、如何销售农产品和如何发挥瑞丰种植合作社的作用与草建连进行了详细讨论，农科所就科技人才扶贫计划、种植计划和牧民培训计划以及培训内容进行了沟通，同时还到实地去查看了草建连新建的日光温室的状况，为下一步的扶贫工作打好基础。牧民在技术员手把手的教导下，已掌握了现代蔬菜种植技术。

案例分析：要实现脱贫还是要靠科技支撑，特别是老少边穷少数民族地区。

【案例 15】旅游扶贫

经过这两年的建设，牧场基础设施得到飞速发展，吸引了一大批来牧场旅游的游客。随着外来游客的增多，越来越多的贫困户在场部及连队开办商店、饭馆、修理部，在带动牧场经济发展的同时，也增加了牧场贫困群众的收入。

案例分析：北塔山牧场距离新疆首府乌鲁木齐相对较近，有利于吸引大城市的游客。同时，北塔山牧场还是屯垦戍边爱国主义教育基地，是弘扬兵团精神、红色精神的重要阵地。

六　搬迁安置扶贫案例

搬迁安置扶贫要注重因地制宜、精准施策，"挪穷窝"与"换穷业"同步，将"搬迁是手段，脱贫是目的"的理念贯穿于安置区选址、安置模式选择、安置房及配套设施建设、后续产业发展和就业扶持全过程。

【案例 16】移民搬迁

牧场转移搬迁的做法分为以下五步。

第一步转移就业。由第六师、五家渠市安排财政资金进行投入，集中安置在新疆鑫宝牧业的厂区，对临时住房进行改造后，解决北塔山牧场部分转移劳动力的定居问题。

第二步改善条件。移民搬迁后居住条件明显改善，户均居住面积达到 90 平方米以上，水电暖管网等基础设施配套齐全，社区管理服务到位，医疗卫生、教育资源就近配套。

第三步安置就业。联合龙头企业解决搬迁移民的就业问题。新疆鑫宝集团股份有限公司是集种植、养殖、饲草生产加工、畜禽产品深加工、生物有机肥料生产和销售于一体的现代化养殖企业，已形成了以养殖为中心从饲草种植到羊肉加工的"种养加"全产业综合生产链条，是新疆生产建设兵团大型农业产业化龙头企业。公司成立了五家渠梧桐鑫宝养殖专业合作社、鑫宝种植专业合作社、鑫宝农机专业合作社三个专业合作社，形成了"公司＋专业合作社＋农户"的合作机制。

目前，北塔山牧场已有 148 名哈萨克族牧民定居在梧桐镇鑫宝牧业厂区。在厂里务工的牧民每月可以领到

3300 元的固定工资收入，年底还有奖金。为了让牧民居住舒心、生活顺心、工作安心，鑫宝牧业采取了很多人性化的服务措施，无偿为安置牧民提供水、电、煤、供暖等基础服务，还专门为在梧桐镇幼儿园和中小学就读的牧民子女配备了校车，接送孩子上学。

第四步牧场保障职工待遇。搬迁的职工的社保关系仍由北塔山牧场管理，社保费仍由北塔山牧场交付。

第五步居住地提供社会服务。搬迁移民的社会管理由梧桐镇负责。

案例分析：这种"政府安置＋企业就业＋牧场保障职工待遇＋居住地提供社会服务"的定居形式，总的来说有以下几方面的好处。

对牧场而言，实现了企业与牧民的"双赢"，实现了社会管理与服务的无缝对接，有效地解决了牧民的就业和社会保障问题，让牧民"搬得出、留得下"。

图 5-6　北塔山牧场新居

（邹青山拍摄，2017 年 6 月）

对搬迁移民而言，依旧从事熟悉的、热爱的养殖业，仅是"从传统放养到现代养殖""从以往的相对自由到服从工厂的组织管理"的变化，不会出现职业变化的明显不适应性。而且劳动强度大大减轻，以往每天早出晚归在外放牧，夏季和秋季还要转场；而今不再雨淋日晒，利用辅助机器喂养并进行精细化管理，人工劳动量较小。收入稳定，固定领取工资与奖金，告别过去收入不稳定、生活无保障的"听天由命""逢灾即贫"的时代。

对企业而言，需要一批懂养殖的熟练工人，尽管牧民的文化层次不高，但他们拥有丰富的养殖经验，培训后上岗适应得较快。此方式有效地规避了搬迁移民中普遍存在的迁出时有国家优惠政策，但迁出后随着优惠政策取消后续产业发展未能跟上的问题。

牧场集中安置转移搬迁的牧民，使其"住有所居"。同时，引进畜牧龙头企业帮助其解决就业问题，实现"业有所从"。在待遇方面仍保留其职工身份，由原单位北塔山牧场代管（社保缴费）。在社会服务方面，由梧桐镇代管，形成了"政府安置＋企业就业＋牧场保障职工待遇＋居住地提供社会服务"的定居形式，这种方式扶贫效果明显。

七　金融及土地流转扶贫案例

在贫困地区实施金融扶贫，有助于帮助贫困户解决生产资金短缺的问题，土地流转有助于充分发挥土地资源优势。

【案例 17】入股分红

根据牧场实际情况制定精准扶贫实施方案。2016 年
初师市确定新疆新农现代投资发展有限公司为北塔山牧场
帮扶单位，牧场党委研究决定向该公司出资 600 万元作为
帮扶资金，通过每年 12% 的分红发放给牧场 300 户贫困
户，确保贫困户每年增收 2400 元，帮助贫困户脱贫。

案例分析：入股分红的模式在贵州贫困地区也有尝
试。兵团通过对口帮扶的形式，集资扶贫，入股分红，取
得了一定效益。

【案例 18】草场补贴

牧场落实良种补贴、草原生态补贴等惠农优惠政策，
做好草原生态保护与精准贫扶的衔接。2016 年每户牧民拿

图 5-7　北塔山牧场小镇

（邹青山拍摄，2017 年 6 月）

到了 7200 元的草场补贴,2017 年补贴标准又提高了 2000 元,每户牧民可以拿到 9200 元,满足了牧民的基本生活需求。

案例分析:草场补贴是针对生态环境恶化使草场不断退化的现象而出台的一种补救办法,以鼓励牧民种草养草、退牧还草,恢复草原生态。具体做法是把草场承包给牧民种草,并给予一定的补贴,对改善生态、摆脱贫困有一定效果。

【案例 19】小额贷款

北塔山牧场畜牧三连是一个边境连队、贫困连队,连队牧民多年来都有贷款的需求,但因除牲畜外没有抵押物,难以获取银行信贷支持。五家渠诚信融资担保有限公司获悉这个情况后,积极组织工作人员专程前往北塔山牧场,逐户走访有贷款需求的牧民,决定采取五户联保、牧场机关及连队干部分别与联保户挂钩保底的办法,对牧民进行小额贷款支持。五家渠诚信融资担保有限公司通过深入走访,了解了北塔山牧场牧民在资金方面存在的困难,不断加大帮扶力度。自 2013 年以来该公司已累计为连队牧民发放小额担保贷款 230 多万元。

案例分析:小额贷款是联合国推广的孟加拉国的扶贫经验,在牧场实施具有一定效果。

【案例 20】土地流转

鼓励引导贫困群众积极参与土地流转,盘活闲置土地，用于发展大棚蔬菜产业，拓宽收入渠道，实现互利双赢。牧场农一连、农二连积极推动土地流转，承包费按 420 元 / 亩收取，连队平均每户贫困户实现增收 9000 元左右。草建连水源相对充足，投建了新型的反季节蔬菜大棚，通过发展大棚蔬菜种植，既解决牧场蔬菜供给问题又增加了贫困户的收入，对因贫困户缺劳动力、缺技术而无力管理的蔬菜大棚，由种植大户和村干部对其进行托管，促进了蔬菜大棚管理水平和质量效益的提升。

案例分析：通过土地流转，可以盘活土地，发展种植业，实现增收。

八 项目扶贫案例

专项扶贫针对性强，见效快，专款专用，效益较好。

【案例 21】专项扶贫

在师市上级部门的大力支持下，北塔山牧场新建的项目主要包括以下几个。

一是师市"十件实事"工程。该项目主要包括：北塔山牧场畜牧一连保障性住房工程、畜牧一连保障性住房配套工程、北塔山牧场少数民族殡仪服务站工程、北塔山牧场安全饮用水工程等。"十件实事"工程的建设解决了连队群众住房问题、饮水安全问题等，提高了牧场群众生活水平。

图 5-8　北塔山牧场小水库
（沈进建拍摄，2017 年 6 月）

二是北塔山牧场农贸市场工程。该项目建成后，可促进就业，繁荣商贸，实现增收。

三是精准扶贫项目。2015 年师市下达扶贫资金 100 万元，扶持北塔山阿拉吾养殖专业合作社，拟带动贫困户发展生产，用以支持牧场扶贫工作，着力搭建多元增收平台。

还有以工代赈项目 1 个，为农一连滴灌工程（见表 5-1），该项目在农一连发展滴灌地 3193 亩，配套相关设施，大大提高了牧场农业生产水平。

表 5-1　北塔山牧场连队专项扶贫项目一览

单位：万元

序号	年份	专项扶贫项目	投入金额
1	2012	北塔山牧场养殖小区（农一连、农二连）建设项目	284
2	2012	北塔山牧场鸡鸭养殖圈舍建设项目	60

序号	年份	专项扶贫项目	投入金额
3	2013	北塔山牧场三场槽子养殖小区建设项目	300
4	2013	农一连千头牛项目	450
5	2013	草建连蔬菜大棚项目	152
6	2013	北塔山牧场农一连、农二连养殖项目	927.8
7	2013	哈萨克手工传承工程	210
8	2013	北塔山牧场草建连小型农田水利工程	369
9	2014	北塔山牧场"一事一议"畜牧二连路灯建设项目	36
10	2015	北塔山牧场饲草料基地建设项目	300
11	2015	草建连养殖基地建设项目	378.9
12	2015	畜牧一连保障性住房工程	2605
13	2015	北塔山牧场畜牧二连农贸市场建设项目	450.6
14	2015	畜牧一连保障性住房配套工程	1339
15	2016	北塔山牧场畜牧二连阚尔甫拖浪格边防公路工程	4400
16	2016	农一连滴灌工程	348

案例分析：从 2012 年以来，北塔山牧场对各连队进行专项扶贫项目投资，主要发展基础设施建设，为连队的脱贫打下了坚实的基础。

九　援疆扶贫案例

动员全社会的力量扶贫攻坚是中国特色社会主义集中力量办大事的优越性。建立援疆长效机制，有助于加快贫困地区脱贫，促进社会和谐发展。

【案例 22】援疆扶贫

援疆投资主要用于基础设施建设，逐步改善了北塔山牧场基础设施条件，集中表现在关乎民生的以水、电、路、讯、房等为重点的基础设施建设的成效明显。

2013年，第六师、五家渠市整合中央、兵团和山西省援疆等方面资金1.7亿元，用于北塔山牧场基础设施和民生项目建设，沟通协调电力部门加强电力建设，结束了牧场不通高压电的历史，极大地提高了群众的生活质量。

2015年，第六师和山西省加大了对北塔山牧场民生建设项目的投资力度，在项目和资金上给予倾斜和重点支持，着力改善群众生产、生活条件。支援第六师北塔山牧场晋北路工程1300万元，与之相配套的北侧一号桥和辅助桥梁年内投入使用。

2015年，北塔山牧场投资建设项目22个，包括职工文化活动中心、综合服务楼、医院综合楼和双语幼儿园等。

2017年投建的项目都是涉及民生的惠民工程。项目建成后将大大提升北塔山牧场的场镇基础设施水平，改善居民日常供水、供热、居住条件以及医疗、教育环境。

案例分析：以上援疆扶贫项目特别是山西对口援疆项目，使北塔山牧场基础设施有了很大改善，效益明显。

【案例23】网络扶贫

扶贫需要加强通信基础设施的建设。自2008年开始，中国电信新疆公司先后投资数百万元用于北塔山牧场的通信基础设施建设（见表5-2）。

表 5-2　通信基础设施建设一览

单位：万元

时间	项目	金额
2008 年以来	传输光缆投资	170
	传输设备投资	86
	中继站房投资	26
	新建北塔山牧场 AG 设备（宽、窄带一体化 256 线设备）投资	18（每套）
	新建北塔山牧场 C 网基站 1 座投资	100

北塔山牧场已彻底解决了该区域的固定语音通信、宽带上网、CDMA 无线通信需求，无线信号已能覆盖场部及周边连队。如今，北塔山牧场群众可综合利用电视、电话、电脑，通过"三电合一"农业综合信息服务平台获取和发布信息。也就是说，北塔山牧场群众，不仅可以通过中国电信新疆公司搭建的综合信息服务平台了解农牧业生产信息，掌握农牧产品供求信息，学习党和政府的方针政策，还可以通过这个信息平台发布自己的信息。

"北塔山信息高速公路"的建成，使北塔山牧场群众享受到了中国电信带来的全面的高质量的综合信息服务。北塔山信息通信工程的落成，让牧场群众实现了信息化生活的梦想，消除了横亘在都市和牧场之间的数字鸿沟，为牧场群众生产生活提供了方便快捷的信息通道，增强了屯垦戍边能力。

案例分析：调研中我们发现，遇到的北塔山牧民几乎人人都有手机，手机已经成为他们的生活必备品，网络的发展为牧民带来了新生活，但从目前来看，网速还有待提高。

【案例 24】道路扶贫

俗话说"要想富，先修路"，可以看出"路"在脱贫致富方面的作用是非常关键的。兵团对北塔山牧场投资 3000 多万元，修通了清河至北塔山牧场的柏油路，改变了北塔山牧场的交通状况。长期以来，北塔山牧场交通不便的问题成了制约当地生产生活的一大瓶颈。

20 世纪五六十年代牧民下山到周边乡镇做畜产品生意，来回得一两个月；七八十年代有了拖拉机、柴油车，到师部办事，来回得十天半个月；再后来路修通了，有了摩托车、汽车，到五家渠市来回也得三五天。

2013 年，五家渠市至北塔山牧场直达客运班线正式开通，标志着距离五家渠 400 多公里的边境贫困牧场有了直达车。为此，五家渠新建客运有限公司投资 40 多万元，购买了 2 辆 17 座豪华客车，对北塔山牧场投入运营，每周一、三、五、日发车。通上班车后，现在来回只要两天。交通条件的改善，有利于牧民走出牧场、进入城市和各族群众相互交往交流交融，促进社会和谐，同时，也有利于牧民开阔视野，脱贫致富。

案例分析：北塔山牧场地处偏远，但道路畅通，为牧场的发展奠定了坚实基础。特别是在"一带一路"倡议下，通往边境口岸的交通建设为当地发展带来了实惠。

【案例 25】供电扶贫

牧场加快推进准东新能源项目建设。该项目于 2015

年 12 月立项，总投资 110 亿元。该项目是北塔山牧场转型提质发展的首要项目，师市党委高度重视和支持，牧场相关部门千方百计解决项目建设过程中出现的困难和问题，全力推动项目早日完工。目前，三峡新能源、华风汇能、京能、宣力等光伏企业工作进度较快，达到了预期投产目标。新能源项目是牧场实现脱贫摘帽的关键性工程。

案例分析：华能风能发电项目规模宏大，我们在调研途中从北塔山一路走来，亲眼见到一座座华能大风车延绵几十里地，为北塔山牧场用电提供了保障。

十 民心工程案例

扶贫是民心工程，是送温暖工程。扶贫不仅要让边疆少数民族从经济上脱贫，也要让边疆少数民族感受到党的关怀和祖国大家庭的温暖。

【案例 26】"民族团结一家亲"活动

为全面贯彻落实党的民族政策，增进各民族之间的感情，紧紧围绕社会稳定和长治久安总目标，充分发挥兵团"稳定器"、"大熔炉"、示范区作用，十二师一零四团于 2016 年 11 月启动"民族团结一家亲"活动。团场成立领导小组，制定了《一零四团开展"民族团结一家亲"活动实施方案》，组织与少数民族家庭结对认亲活动，全团结对认亲 664 户。

案例分析：习近平总书记在第二次中央新疆工作座谈会上指出，要加强民族交往交流交融，部署和开展多种形式的共建工作，推进"双语"教育，推动建立各民族相互嵌入式的社会结构和社区环境，有序扩大新疆少数民族群众到内地接受教育、就业、居住的规模，促进各族群众在共同生产生活和工作学习中加深了解、增进感情。开展"民族团结一家亲"活动是加强民族交往交流交融的创新形式，是用心、用情、用真诚和各族群众建立"连心桥"。积极开展"一对一结对认亲"活动，帮助解决贫困群众生产生活中的实际困难，对扎实落实习近平总书记在第二次中央新疆工作座谈会上的讲话具有重要意义。

【案例 27】便民服务

牧场兴建了蔬菜直销店，蔬菜主要由草建连提供，种类主要为卷心菜、茄子、辣椒、黄瓜等，群众买菜难问题得到解决。

案例分析：把群众装在心里，多做雪中送炭的工作，是牧场扶贫的重点。根据调查所见，在牧场居民聚居区设有便民店，销售生活用品和食品，大大改善了牧场购物难的问题，提升了牧民的生活质量。

【案例 28】妇工团扶贫

社会工作与扶贫有着紧密联系，推动社会工作精准介入反贫困实践，发挥工会、妇联、团委职能，实施全方位精准扶贫，是发挥兵团特色优势的有效举措。牧场妇工团开展的扶贫工作主要表现在以下几个方面。

一是牧场工会通过贯彻师市《关于大力推进大众创业万众创新的实施方案》精神，提高工会服务职工能力，鼓励和扶持职工创业创新，举办"双创"职工教育培训班，提供教育培训机会；积极开展"金秋助学"活动，全力实施"金秋助学"工程，为7名贫困大学生（均为应届生，6名考入一本院校、1名考入二本院校）提供助学金共计16000元；为牧场30户贫困家庭申请双创扶贫资金，每户6万元，共计180万元；为14户牧工家庭申请无息贴息贷款，每户5万元，共计70万元；为农二连贫困牧工申请大病救助资金2000元，一定程度上缓解了其日常医疗压力；为142名困难职工申请春节帮扶资金共计7.1万元，切实解决了他们的生活困难。

二是牧场妇联通过走访慰问帮扶，将12000元扶贫款送到困难连队，为20户贫困户送去了豆油和面粉，并为30余名贫困妇女进行了免费体检；为帮助贫困户创业建立了妇女刺绣扶贫联合体，还聘请专业教师举办手工编织、刺绣等培训班，并把培训班办到牧场、连队，方便少数民族群众参加培训，让他们在自家门前就能增长知识、掌握技能、学到技术；与师市妇联联合举办北塔山民族手工艺品技能技术培训班。积极发展民族手工艺，发挥少数民族妇女刺绣技能，实现创收增效，提高生活水平。

三是牧场共青团积极开展助学帮困工作，争取到

2016年国酒茅台助学项目，资助牧场3名贫困大学生共计1.5万元助学金；牧场护边志愿者基金会自筹2万多元的爱心基金，对牧场贫困残疾青少年、孤寡老人进行帮扶；收到山西共青团对口帮扶助学金5000元，帮助10名贫困学生就学。

案例分析：习近平总书记在第二次中央新疆工作座谈会上要求，要高举各民族大团结的旗帜，在各民族中牢固树立国家意识、公民意识、中华民族共同体意识，最大限度团结依靠各族群众，使每个民族、每个公民都为实现中华民族伟大复兴的中国梦贡献力量，共享祖国繁荣发展的成果。牧场积极发挥妇工团在扶贫攻坚中的作用，对落实习近平总书记的讲话具有重要意义。

【案例29】扶贫数据

兵团发改委扶贫办提供的数据显示，2014年牧场建档立卡贫困户360户1443人，其中国家级贫困户113户470人，兵团级贫困户247户973人。2016年末通过"回头看"工作，牧场重新对贫困户的收入及生活情况进行调查，通过统计，牧场贫困户从360户1443人变为288户1146人。同时，贫困家庭的收入快速增长。

2012年，北塔山牧场实现地区生产总值7722万元，全年实现利润总额382万元，人均收入9654元。

2013年，北塔山牧场实现地区生产总值7771万元，较2012年增长0.63%；全年实现利润总额494万元，较

2012 年增长 29.32%；人均收入 10130 元，北塔山牧场人均收入首次过万元。

2014 年，北塔山牧场实现地区生产总值 9882 万元，较 2013 年增长 27.17%；全年实现利润总额 704 万元，较 2013 年增长 42.51%；人均收入 10047 元。

2015 年，北塔山牧场实现地区生产总值 18171 万元，较 2014 年增长 83.88%；全年实现利润总额 1316 万元，较 2014 年增长 86.93%；人均收入 10025 元。

案例分析：为找到更多证据，我们对扶贫实效也多方收集资料进行对比分析，从统计数据以及实地考察的案例来看，牧场多渠道进行帮扶，助推脱贫攻坚，取得了良好的扶贫实效。

十一　兵团牧场扶贫攻坚的特点

北塔山牧场扶贫是新疆生产建设兵团扶贫的缩影，通过对调研案例的分析，我们认为，北塔山牧场扶贫是花了大力气、下了真功夫的。牧场的扶贫工作正在从注重减贫进度向更加注重脱贫质量转变，从注重外部帮扶向注重外部帮扶与激发内生动力并重转变，从开发式扶贫为主向开发与保障性扶贫并重转变。牧场的扶贫实效呈现以下四个突出特点。

（一）扶贫组织创新见效

突出表现在扶贫是从上到下，狠抓组织落实和组织创新，一张蓝图绘到底，以落实"领导挂点、部门包连、干部帮户"扶贫开发工作责任制为切入点，领导干部带头示范引领，深入贫困户家中，"一户一策"地谋划脱贫措施，使贫困户切身感受到党和政府的温暖。社会扶贫资源充分发挥作用，有力推动了扶贫开发工作的落实。

（二）实施扶贫工程见效

要把扶贫作为一项工程，下大力气来抓。牧场的做法是一方面在上级扶贫开发工作的大力支持下，加强与社会各方面力量的联系，合力推进扶贫开发，例如与边防派出所组织"送温暖"活动，为牧场学校学生赠送衣物，献出一片爱心。另一方面，第六师、五家渠市各团场和有关部门已积极行动起来，全力做好资金援助、技术援助、人员教育培训援助等工作。一些团场派出教育和医务工作者奔赴北塔山牧场支教支医；五家渠市政协为北塔山牧场学校捐赠了价值4万余元的儿童图书、文体用品；芳草湖农场为北塔山牧场援建标准化电教室的工作已经启动；北塔山牧场团委积极开展针对牧场贫困学生的志愿帮扶工作，并积极联系师市及各团场的志愿者为牧场贫困学生组织捐助活动。

（三）制度建设和制度完善见效

一是建全参保制度和公共服务制度。牧场社政科在师市劳动局的大力支持和帮助下，加强参保工作力度，群众保意识有了很大提高，参加社会保险人数逐步增长，达到了师市"双九五"的目标。同时，完善兜底扶贫、医疗扶贫、教育扶贫、就业扶贫等公共服务制度，创建贷款扶贫、补贴扶贫、入股扶贫、保险扶贫、科技扶贫等新型扶贫机制。

二是动员社会力量参与扶贫工作。对于民族地区而言，凝聚社会各界参与扶贫意义重大。贫困牧场经济发展基础弱，先天条件不足，仅靠自身难以在短期内实现脱贫任务。因此，鼓励其他地区的企业、事业单位、非政府组织、社会团体以及其他机构和个人共同参与牧场扶贫工作至关重要。牧场积极开展宣传活动，努力使扶贫工作多面开展，使扶贫开发工作更加有序进行，为贫困群众提早脱贫做出保障。

（四）创建扶贫合作机制见效

牧场不断加强与对口援疆兄弟省份的合作，山西省与第六师建立对口支援关系以来，二者之间的交往更加密切，双方的合作也进一步加强。特别是在扶贫工作方面，积极抓住山西省对口援助北塔山牧场的有利契机，规划北塔山牧场小城镇建设，使北塔山牧场在信息、市场、资金、项目、科技、教育、卫生等方面得到了对口援助省份的大力支持和帮助。

从在北塔山牧场调研的情况来看，牧场实实在在地为贫困群众做了大量的实事、好事，让贫困群众得到了实惠，见到了实效，加快了边疆少数民族贫困人口的脱贫步伐。在调研过程中，我们亲身见证了牧场的扶贫决心、扶贫能力和扶贫力度。经过调研，我们对新疆边境地区北塔山牧场的脱贫更是信心满满、充满期待。

第四节　扶贫调研后的学术思考

通过这次扶贫调研，我们深切体会到，扶贫攻坚是国家统筹区域发展、推进同步小康而做出的重大决策，贫困治理工作带来的是一场深刻的社会变革，见证的是一场波澜壮阔的制度变迁。扎扎实实做好扶贫工作是 2020 年实现全面建成小康社会的切实要求，是经济繁荣共享、社会公平正义、生态文明进步、制度改革完善的组成部分，是打造人类命运共同体的宏伟工程。扶贫并不是一个政策驱动下的孤立事件，所涉及的是政治、经济、社会、文化、宗教、法律、民族学、人类学、边疆史、国际关系等方方面面的问题。调研归来，课题组从不同的学术视角对扶贫的起因、过程、结果进行了以下几个方面的思考。

一　绝不能让扶贫掉入"塔西佗陷阱"

"塔西佗陷阱"是一个著名的政治学定律，得名于古罗马时代的历史学家塔西佗。通俗地讲，就是指当公权力遭遇公信力危机时，无论说真话还是说假话、做好事还是做坏事，都会被认为是说假话、做坏事。从政治学的视角看，扶贫攻坚是一场反贫困的战役，反映的是中国共产党人的国家治理理念、国家治理能力，体现的是国家公信力。

2015年1月19日，习近平总书记在云南考察工作时强调，"扶贫开发是我们第一个百年奋斗目标的重点工作，是最艰巨的任务。现在距实现全面建成小康社会只有五六年时间了，时不我待，扶贫开发要增强紧迫感，真抓实干，不能光喊口号，决不能让困难地区和困难群众掉队"。"真扶贫"、"扶真贫"以及全面实现小康社会不是一句口号，而是我们党一切为了人民的奋斗目标，也是中国对世界的庄严承诺。因此，绝不能说一套做一套，绝不能让扶贫掉入"塔西佗陷阱"，出现假扶贫、被脱贫、数字脱贫的现象，丧失中国共产党的公信力，丧失中国特色社会主义制度的公信力，丧失中国特色社会主义道路的公信力。

要从贫困治理上完善扶贫制度建设，组织创新，确保扶贫政策的高效、务实，巩固扶贫成果。防止掉入"塔西佗陷阱"应当注意以下两点。

（1）要坚定制度自信和道路自信。消除贫困、改善民生、实现共同富裕，是社会主义的本质，在扶贫中必须坚持制度自信、道路自信，只有社会主义才能救中国，只有走社会主义道路才能实现脱贫，社会主义制度是扶贫决胜的根本保障。在调研中我们还发现，兵团是一个半军事化的整体建制，有师（市）、团（县）、连（村）的编制，多方面体现了社会主义集中力量办大事的能力和优势，保障了全体人民共同富裕、共享繁荣。贫困牧民在兵团的组织和帮助下，享有与内地贫困户一样的帮扶政策、保障制度、就业机会、政治权利，走上了脱贫致富的快速通道。

通过比较我们还发现，兵团的优势还表现在兵团牧场扶贫工程的高度统一、组织严密、纪律严明、扶贫精准、工作细致、部署系统、落实有时效和见实效上，这为扶贫工作提供了不可多得的经验。比如，不论是北塔山牧场还是五连牧场，在兵团党委的领导下，都能够有效地组织、有步骤地执行、有计划地贯彻兵团扶贫攻坚的部署。虽然两地比较优势不同，但在扶贫政策的制定、执行、实施和落实过程中，各个环节始终围绕扶贫目标有序开展扶贫工作，显示出兵团的特殊优势。

（2）把不断满足人民美好生活的需要作为检验实践的标准。扶贫实效好不好，要看老百姓是不是满意。2013年11月3日，习近平总书记在苗族自治州十八洞村考察时，在这里首次提出"精准扶贫"，指明了扶贫的关键——扶真贫、真扶贫、见实效。2017年6月23日，习近平总书记在深度贫困地区脱贫攻坚座谈会上的讲话中强调："扶贫工作必须务实，脱贫过程必须扎实，脱贫结果必须真实，让脱贫成效真正获得群众认可、经得起实践和历史检验。"到2020年实现7000多万贫困人口全部脱贫，绝不是一个数字的概念，而是需要得到群众认可、经得起实践和历史检验，这要看老百姓的获得感、老百姓的幸福感以及老百姓的口碑。北塔山牧场是兵团有名的贫困牧场，扶贫的效果到底好不好呢？课题组收集了反映北塔山牧场精准扶贫精准脱贫情况的入户调查问卷，以反映贫困牧民对于扶贫工作的感受，了解他们对扶贫效果的满意度。同时，我们还进行实地采访，面对面地谈话以深入了解。从中感受到兵团牧场的扶贫工作是实实在在的，成绩是切实可见的，因此，我们对牧场2020年实现全面脱贫信心满满。

二　扶贫政策的内在逻辑和路径

政策和策略是扶贫的生命线。习近平总书记关于扶贫工作的重要论述和党中央的一系列扶贫政策的特点是逻辑严谨、体系严密、重在实效，为兵团牧场的脱贫指明了方向，具有强大的感召力和生命力。能否让贫困人口如期脱贫是最终判断我国是否全面建成小康社会的重要标志。这是一项巨大的工程，需要有明确的指导思想和坚定的信念。

必须坚持发展为了人民、发展依靠人民、发展成果由人民共享，做出更有效的制度安排，使全体人民在共建共享发展中有更多获得感，增强发展动力，增进民族团结，朝着共同富裕方向稳步前进。扶贫一个都不能少，要让新疆少数民族感受到党的关怀和祖国大家庭的温暖。

这个目标如何实现，能否实现？习近平总书记在总结扶贫经验时说："在实践中，我们形成了不少有益经验，概括起来主要是加强领导是根本、把握精准是要义、增加投入是保障、各方参与是合力、群众参与是基础。"这些经验生动地说明我们的精准扶贫政策起到了关键作用。我

第五章——北塔山牧场扶贫经验报告

们结合新疆北塔山牧场的扶贫调研，从政策科学的视角来对扶贫政策进行分析。一方面，政策科学是研究政策制定和政策实效的专门学科。从这个视角来看，扶贫的每一项政策设计和政策实效都有其内在的逻辑、严明的体系、执行的力度以及相应的影响力。另一方面，政策科学研究探索的是政策从立意到落实的全过程，从这一观点出发，课题组在调研中特别加强了这个方面的研究和探讨，从兵团这个特殊的组织形式出发，系统跟踪了解扶贫政策的指导思想、政策的设计、政策的执行、政策的实施、政策的落实、政策的监督、政策的实效、政策的影响、政策的反应、政策的调整，重点研究扶贫政策的实效。我们发现，扶贫政策从构想到落地，经过了一系列的环节，步步推进，具有鲜明的逻辑特征。扶贫政策逻辑如图 5-9 所示。

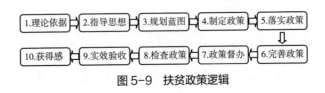

图 5-9　扶贫政策逻辑

第一步，发起扶贫攻坚总动员。消除贫困、改善民生、逐步实现共同富裕，是社会主义的本质要求，是我们党的重要使命，是党中央国务院的重大战略部署。1984年，邓小平同志曾明确指出，"现在农村还有几千万人温饱问题没有完全解决"，为开展全国扶贫工作奠定了扶贫攻坚的基调。随后，国务院贫困地区经济开发领导小组于1986年成立，全国范围的扶贫开发工作启动。

第二步，以习近平总书记关于扶贫工作的重要论述为指导。2015 年习近平总书记到贵州扶贫考察时，强调要科学谋划好"十三五"时期扶贫开发工作，确保贫困人口到 2020 年如期脱贫，并提出扶贫开发"贵在精准，重在精准，成败之举在于精准"。"精准扶贫"是习近平总书记关于扶贫的重要论述，成为各界热议的关键词，表现了把人民对美好生活的向往作为奋斗目标的担当。此后，习近平总书记发表了一系列关于扶贫工作的讲话，表达了对扶贫工作的高度关心和到 2020 年实现贫困人口全面脱贫的决心。习近平总书记明确指出，"我们不能一边宣布全面建成了小康社会，另一边还有几千万人口的生活水平处在扶贫标准线以下，这既影响人民群众对全面建成小康社会的满意度，也影响国际社会对我国全面建成小康社会的认可度"，把扶贫工作提升到了一个新的高度。习近平总书记强调："消除贫困、改善民生、逐步实现共同富裕，是社会主义的本质要求，是我们党的重要使命。"表达了不忘初心、牢记使命的责任担当，指明了扶贫的方向，坚定了扶贫的信心。

第三步，规划扶贫蓝图。党的十八大以来，习近平总书记站在全面建成小康社会、实现中华民族伟大复兴中国梦的战略高度，把脱贫攻坚摆到治国理政突出位置，提出一系列新决策新部署。在补齐脱贫攻坚短板方面，提出要提高认识，加强领导；完善结对，深化帮扶；明确重点，精准聚焦；加强考核，确保成效。习近平总书记的重要讲话清晰绘就了精准扶贫精准脱贫的蓝图。

第四步，制定以人民为中心的扶贫政策。精准扶贫的出发点是为了维护最广大人民的根本利益，是以人民为中心的发展思想的集中体现和深刻阐释。从这个战略高度出发，在政策设计之初，就体现了我们党为人民服务的宗旨，为人民谋幸福的初衷。始终坚持一切为了人民原则，从扶贫政策的设计，到扶贫政策的执行，再到扶贫政策的落实等重要环节始终围绕着以人民为中心、为人民谋幸福的总体布局开展工作。特别强调了精准扶贫、扶真贫、真扶贫的政策理念，让扶贫政策落实到户。在这一思想的指导下，兵团牧场的扶贫贷款、教育救助、草场补贴、易地搬迁工程等都在政策的设计上为人民谋幸福，在政策的落实上让人民有获得感。扶贫政策得到了得到了老少边穷地区和少数民族聚居区群众的由衷拥护。有了人民的支持，做事有底气，办事有力量，成事有保障，这也是扶贫在中国能办成的根本原因。

第五步，一张蓝图绘到底。扶贫政策是从上到下、一张蓝图绘到底的长远政策。其特点是实施时间长、执行力度大、实践效果显著、时间节点明确，是系统、完整的政策实施体系。这一点在兵团牧场扶贫政策的贯彻执行中得到了很好的体现。在政策的实施过程中，牧场每年都会根据兵团的扶贫部署，逐步推进，逐户落实，有组织安排，有时间计划，有实施办法，有落实方案。在组织上，兵团从师到团，从团到连，从连到户，从户到人，层层有组织落实，户户有政策落实，帮扶到底，帮扶到人，充分体现了兵团扶贫的强大优势。

第六步，扶贫政策可操作。为落实全面建成小康社会的目标要求，扶贫政策特别强调要因地制宜，基于对国情、民情的深刻洞察做出部署。从贫困实际情况出发，精准扶贫，不上调扶贫标准，修正传统的政策偏好，客观、理性地选择有效的政策工具，推动贫困治理方式和手段的创新。同时，贯彻范围精准、对象精准、任务精准、目标精准、措施精准、考评精准的原则，以增强内生动力的发展理念来谋划扶贫，在经济发展大格局中，部署实施精准扶贫战略。在扶贫实践中，不断探索、制定系统完备、科学规范、精准有效的扶贫政策体系；在政策实施中，及时发现问题、解决问题，有效地防范假扶贫、数字扶贫、被脱贫等问题，探索兵团特色的扶贫之路。

第七步，检查监督政策落实的实效。精准扶贫体现了实事求是的基本原则，特别强调不讲假话，不报假数，不扶假贫，不被脱贫，狠抓政策落实的实效。不以行政干部的绩效为标准，把获得感作为检验政策好不好的标准。这些原则在扶贫工作中表现得十分明显。

在调研中课题组发现，兵团牧场的扶贫十分到位。扶贫任务层层分解，落实到户、到人。扶贫干部要沉下基层办实事，调查要入户。进一步建立和完善教育扶贫制度、兜底扶贫制度、医疗扶贫制度、生产补贴制度等，推动边疆少数民族地区同步实现小康。

第八步，扶贫实效要看百姓获得感。中国共产党始终把人民拥护不拥护、人民赞成不赞成、人民高兴不高兴、人民答应不答应作为制定各项方针政策的出发点和归宿，作为判断各项工作成败得失的最高标准。习近平总书记指出："我们的人民热爱生活，期盼有更好的教育、更稳定的工作、更满意的收入、更可靠的社会保障、更高水平的医疗卫生服务、更舒适的居住条件、更优美的环境，期盼着孩子们能成长得更好、工作得更好、生活得更好。人民对美好生活的向往，就是我们的奋斗目标。"

扶贫的效果不看政绩，要看实效，这就是扶贫政策的实践归宿。在新疆生产建设兵团牧场的扶贫调研中，我们看到了基层干部对扶贫工作的热情和付出的辛勤劳动，看到了扶贫干部的汗水一天天转变为扶贫的成果；更让人欣慰的是，看到了少数民族牧民一张张幸福的笑脸。

总之，兵团牧场的扶贫攻坚战，生动地再现了扶贫政策从立意到落实的全过程。从政策科学的视角看，扶贫过程是政策科学研究的精彩案例，其特点是有口号、有思想、有对策、有组织、有领导、有资金、有管理、有落实、有监督、有检查、有验收、有节点、有时间、有实效。

兵团牧场的扶贫攻坚战是全国扶贫攻坚战的一个缩影。从兵团牧场的角度看，扶贫政策从出台到落地，产生了强大的生命力，展现了中国特色社会主义的优越性、感召力、凝聚力以及人民群众的创新能力。

三 边远少数民族地区正经历深刻的制度变迁

扶贫不仅让"6000多万贫困人口稳定脱贫，使贫困发生率从10.2%下降到4%以下"①，而且也使人民群众的生活水平不断提高、幸福指数节节攀升。同时，随着扶贫开发的纵深推进，贫困地区社会治理结构也在发生变化，表现为组织创新、制度变迁、社会生态转好、社会意识提升，边远少数民族自治区的社会治理结构正在向更加公正、合理、开放的方向发展（见图5-10）。

图5-10　社会治理结构

（一）组织创新

组织创新表现为，从原来的扶贫开发向贫困治理转变。扶贫工程是提升国家治理能力、打造人类命运共同体的伟大工程，意义重大，影响深远。扶贫不仅改变了少数民族聚居地区牧民的生活，也改变着新疆贫困地区的社会治理结构，带来的是组织创新，引发的是制度变迁。

以北塔山牧场为例，原来少数民族聚居的生产形态，被纳入党的基层组织、扶贫领导小组以及社区组织管理中。生产组织形式也发生了变化。从原来的以家庭为单位的生产方式，转变为合作社规模经营的生产组织形式。而且随着各民族交往范围不断扩大，融合程度不断加深，联

① 习近平在中国共产党第十九次全国代表大会上的讲话，2017年10月18日。

合生产模式逐渐形成。组织形式上的创新，在一定程度上加强了老少边穷地区的贫困治理，治理更精准，实效更突出。这些变化值得进一步跟踪研究。

（二）制度变迁

制度变迁表现为贫困地区的生活不断改善，扶贫制度不断完善向好。

一是生活方式发生了巨大的变化。以我们所调查的新疆北塔山牧场和库什台牧场为例，经过不懈的扶贫攻坚，牧民的生活从吃穿困难转变为吃穿不愁，从游牧转变为圈牧，从帐篷转变为瓦房，从文盲转变为大学生，从牧民转变为职工，从家庭劳动转变为合作社经营，从山区草原转入城市城镇，从喊话转变为手机，从山路转变为马路，从烧柴转变为燃煤，从油灯转变为电灯等。

二是扶贫制度不断完善向好。兵团牧场的扶贫工作有着自身的鲜明特点，他们并不是采取自上而下的单向扶贫模式，而是发展出以兵团为主导，牧场、企业、社会组织等多元扶贫主体各就各位、各司其职、共同参与的扶贫机制。

（三）社会生态转好

社会生态转好表现为，一些阻碍社会公平正义的藩篱被拆除。扶贫的目的是要让少数民族群众感受到祖国大家庭的温暖，让他们感受到中国特色社会主义制度的优越性，感受到扶贫给他们带来的获得感。在少数民族自治区，首先要消除民族间沟通的语言藩篱，要加大汉语教学力度，消除少数民族群众汉语使用障碍。其次要拆除就业的藩篱，需要给予少数民族贫困人口与其他民族同等的就业机会。最后，要让少数民族贫困人口得到同等的社会救助和社会保障。

兵团牧场的扶贫攻坚在这方面下了大力气，比如，为少数民族贫困人口提供低保，稳步提升少数民族贫困人口的综合素质，提高少数民族贫困人口的经济参与能力，逐步消除少数民族贫困人口经济参与的障碍，组织和安排少数民族贫困人口的就业，增强边远山区少数民族贫困群体的生存能力和自救能力，逐步实现了扶贫由"输血"模式向"造血"模式的转变，提升了少数民族贫困人口的获得感。

（四）社会意识提升

社会意识提升表现为贫困人口获得感的增加，生活的幸福感、满意度提升，觉得自己受到尊重。扶贫也增加人们对美好生活的向往，贫困人口的社会参与意识明显提升，自我认同度提高，自信心增强，劳动热情提高，劳动能力增强，表现在积极就学、主动就业、发展生产等方面。

四 扶贫是现代社会文明的进步

扶贫是现代社会文明的进步。整体脱贫像一股巨大的洪流，推动着社会的发展和人类文明的进程，加速了老少边穷地区的现代化。扶贫得到全社会的认同，也带动了全社会风气的好转。与此同时，现代化的生活方式、新时代的思想观念也对少数民族的行为方式、生活态度、文化意识产生冲击。在这个历史进程中，必然会引发新旧观念之间的误解、冲突、矛盾，甚至对抗，解决这个矛盾需要经过一段时间的情感融合、观念融合以及生活方式的相互适应。

在扶贫攻坚过程中，会遭遇很多困难，很多方面的制度建设跟不上，比如基层组织薄弱、人手不足、干部能力不足等。在转型升级的过程中总会经历阵痛期，感觉适应的时候，就会高兴，感觉不适应的时候，就会发牢骚、甚至抵触，比如出现"基层干部透支""资金不足""扶贫办法和项目不多""贫困户等靠要""等人送小康"等种种说法。

这就需要进行政策调整，依靠人民，发动群众，发挥人民群众的创造力，推动扶贫的进程，推动历史的发展，创造历史。既要制定政策推动扶贫，又要调整政策适应扶贫；既要设计政策，又要加强制度建设，提升贫困治理能力。同时，要因地制宜，不断完善政策设计，把扶贫开发转变为贫困治理，让人民有更多的获得感，把人民对美好生活的向往作为我们的奋斗目标。通过政策化解、制度创新，靠智慧、想办法、靠劳动，闯出一条中国特色的扶贫发展之路。

五　扶贫经验是中国对世界减贫事业的贡献

中国是世界上最大的发展中国家，一直是世界减贫事业的积极倡导者和有力推动者。改革开放数十年来，中国人民积极探索、顽强奋斗，走出了一条中国特色的减贫道路。党的十八大以来，中国脱贫攻坚战取得决定性进展，6000多万贫困人口稳定脱贫，贫困发生率从10.2%下降到4%以下。中国脱贫攻坚取得显著成就的关键在于，以习近平同志为核心的党中央站在全面建成小康社会、实现中华民族伟大复兴中国梦的战略高度，把握全球大势，注重顶层设计，创新扶贫举措，全面推进扶贫开发工作。

兵团的扶贫经验生动地反映了"集中力量办大事"的中国特色社会主义制度的优越性。兵团的组织优势、体制优势、管理优势为扶贫提供了坚强保障。有了兵团的强大优势，没有市场可以发挥兵团优势创造市场，没有内生动力可以组织起来共同发展，没有资金可以通过银行贷款、企业投资、社会帮扶来筹措，有困难可以结对认亲，切实让少数民族贫困人口增加获得感，感受到党的关怀和祖国大家庭的温暖。

北塔山牧场仅是兵团上千个团场的一个缩影，但它却真实生动地呈现了新疆维吾尔自治区扶贫攻坚的壮丽画卷，扶贫实践证明了中国道路是全体各族人民实现共同富裕的道路。

新疆生产建设兵团的扶贫经验是对我国少数民族贫困地区脱贫的有益探索，是对少数民族贫困地区扶贫的智慧贡献，兵团牧场的扶贫已经形成了一套较为系统、具有民族特点的扶贫经验。这些宝贵经验带有浓厚的兵团特色，并且是可复制、可推广的，它既是兵团的、新疆的，也是中国的。系统总结中国扶贫的宝贵经验，将有助于加快全面实现小康社会，也是中国对周边"一带一路"共建国家反贫困事业做出的中国贡献，是人类共同进步的宝贵财富。

参考文献

北京师范大学中国扶贫研究中心课题组:《中国绿色减贫指数研究》,《经济研究参考》2015年第10期。

毕玉中:《认真落实精准扶贫精准脱贫基本方略 坚决打赢兵团脱贫攻坚战》,《兵团日报》(汉)2017年6月15日。

兵团六十年编辑委员会编《兵团六十年》,中国统计出版社,2014。

陈浩天:《精准扶贫政策清单治理的价值之维与执行逻辑》,《河南师范大学学报》(哲学社会科学版)2017年第2期。

陈升、潘虹、陆静:《精准扶贫绩效及其影响因素:基于东中西部的案例研究》,《中国行政管理》2016年第9期。

邓丽慧、马林:《立足新起点 开创新局面 打好新时期扶贫开发攻坚战》,《兵团日报》(汉)2013年3月30日。

范小建:《中国特色扶贫开发的基本经验》,《求是》2007年第23期。

范小建主编《完善国家扶贫战略和政策体系研究》,中国财政经济出版社,2011。

范小建主编《中国农村扶贫开发纲要(2010—2020年)干部辅导读本》,中国财政经济出版社,2012。

宫蒲光:《充分发挥农村低保的兜底作用》,《行政管理改革》2016年第4期。

国家行政学院编写组编著《中国精准脱贫攻坚十讲》,人民出版社,2016。

国务院扶贫办外资项目管理中心:《拓展国际经济合作开创我国扶贫开发新格局——西南和秦巴山区世行扶贫项目工作概述》,《地球信息》1996年第1期。

国务院扶贫办外资项目管理中心:《在合作中创新在创新中发展》,《中国财政》2010第18期。

韩俊:《关于打赢脱贫攻坚战的若干问题的分析思考》,《行政管理改革》2016年第8期。

胡鞍钢:《中国减贫成功的世界意义》,《人民日报》(海外版)2014年10月17日。

黄承伟、叶韬主编《脱贫攻坚省级样本:贵州精准扶贫精准脱贫模式研究》,社会科学文献出版社,2016。

黄承伟:《中国反贫困:理论 方法 方略》,中国财政经济出版社,2002。

江泽民:《在中央扶贫开发工作会议上的讲话》,《中华人民共和国国务院公报》2001年第30期。

姜涛、殷小波:《准确把握兵团扶贫开发工作方向》,《兵团党校学报》2015年第3期。

姜涛、殷小波:《准确把握新时期兵团扶贫工作重点》,《兵团日报》(汉)2014年9月12日。

雷望红:《论精准扶贫政策的不精准执行》,《西北农林科技大学学报》(社会科学版)2017年第1期。

李丹、李双奎:《公共资源治理下的精准扶贫政策执行困境与优化策略》,《资源开发与市场》2017年第2期。

李行:《兵团扶贫开发新阶段效果显现》,《新疆日报》(汉)2013年10月31日。

李瑞华、潘斌、韩庆龄:《实现精准扶贫必须完善贫困县退出机制》,《宏观经济管理》2016年第2期。

李实:《对收入分配研究中几个问题的进一步说明》,《理论研究》2000年第7期。

李实:《中国收入分配格局的变化与改革》,《北京工商大学学报》(社会科学版)2015年第7期。

李延:《精准扶贫绩效考核机制的现实难点与应对》,《青海社会科学》2016年第3期。

李裕瑞、曹智、郑小玉、刘彦随:《我国实施精准扶贫的地域模式与可持续途径》,《中国科学院院刊》2016年第3期。

厉以宁、李扬、刘元春、何志毅:《中国经济学家年度论坛专家演讲稿(一)》,《当代财经》2010年第1期。

厉以宁:《如何缩小城乡制度差距》,《当代财经》2012年第2期。

林毅夫:《关于我国扶贫政策的几点建议》,《发展》2005年第7期。

刘慧、叶尔肯·吾扎提:《中国西部地区生态扶贫策略研究》,《中国人口·资源与环境》2013年第10期。

刘明宇:《贫困的制度成因——产业分工与交换的经济学分析》,经济管理出版社,2007。

刘永富:《继续向贫困宣战》,《求是》2014年第20期。

刘永富:《确保在既定时间节点打赢扶贫攻坚战——学习贯彻习近平关于扶贫开发的重要论述》,《老区建设》2015 年第 21 期。

马钧禹、徐彤彤:《如何做好精准扶贫这篇大文章》,《兵团日报》(汉) 2016 年 1 月 4 日。

马银录:《帮农民脱贫》,西北大学出版社,2014。

莫光辉、陈正文、王友俊:《新发展理念视域下的精准扶贫路径》,《中国国情国力》2016 年第 4 期。

莫光辉:《精准扶贫:中国扶贫开发模式的内生变革与治理突破》,《中国特色社会主义研究》2016 年第 2 期。

农六师北塔山牧场史志编纂委员会:《北塔山牧场志(1952—2003)》,新疆人民出版社,2004。

潘瑞雄:《以更大决心更有力举措 坚决打赢脱贫攻坚战》,《兵团日报》(汉) 2016 年 10 月 26 日。

〔瑞典〕冈纳·缪尔达尔:《世界贫困的挑战》,顾朝阳译,北京经济学院出版社,1991。

曲玮、李树基:《新时期农村扶贫开发方式与方法》,兰州大学出版社,2007。

沈水生:《实施转移就业脱贫工程的探讨》,《行政管理改革》2016 年第 2 期。

史新辰:《民族区域经济发展新论》,云南科学技术出版社,1996。

孙光慧:《民族地区金融服务与特色产业精准扶贫耦合模式探索》,《西北民族大学学报》(哲学社会科学版) 2016 年第 3 期。

唐丽霞:《精准扶贫机制的实现:基于各地的政策实践》,

《贵州社会科学》2017年第1期。

唐任伍:《习近平精准扶贫思想阐释》,《人民论坛》2015年第30期。

童星、林闽钢主编《中国农村社会保障》,人民出版社,2011。

汪三贵、郭子豪:《论中国的精准扶贫》,《贵州社会科学》2015年第5期。

王碧玉:《中国农村反贫困问题研究》,中国农业出版社,2006。

王飞:《兴边富民行动实施绩效评估》,中国经济出版社,2016。

王国良:《中国扶贫政策——趋势与挑战》,社会科学文献出版社,2005。

王国勇、邢溦:《我国精准扶贫工作机制问题探析》,《农村经济》2015年第9期。

王介勇、陈玉福、严茂超:《我国精准扶贫政策及其创新路径研究》,《中国科学院院刊》2016年第3期。

王俊文:《当代中国农村扶贫与反贫困问题研究》,湖南师范大学出版社,2010。

王瑞芳:《精准扶贫:中国扶贫脱贫的新模式、新战略与新举措》,《当代中国史研究》2016年第1期。

王雨磊:《精准扶贫何以"瞄不准"?——扶贫政策落地的三重对焦》,《国家行政学院学报》2017年第1期。

温家宝:《中国农业和农村的发展道路》,《农村工作通讯》2012年第3期。

习近平:《摆脱贫困》,福建人民出版社,2014。

习近平:《习近平谈治国理政》,外文出版社,2014。

谢冰:《贫困与保障——贫困视角下的中西部民族地区农村社会保障研究》,商务出版社,2013。

谢冰等:《贫困与保障:贫困视角下的中西部民族地区农村社会保障研究》,商务印书馆,2013。

新疆生产建设兵团统计局、国家统计局兵团调查总队编《新疆生产建设兵团统计年鉴(2011)》,中国统计出版社,2011。

新疆生产建设兵团统计局、国家统计局兵团调查总队编《新疆生产建设兵团统计年鉴(2012)》,中国统计出版社,2012。

新疆生产建设兵团统计局、国家统计局兵团调查总队编《新疆生产建设兵团统计年鉴(2013)》,中国统计出版社,2013。

新疆生产建设兵团统计局、国家统计局兵团调查总队编《新疆生产建设兵团统计年鉴(2014)》,中国统计出版社,2014。

新疆生产建设兵团统计局、国家统计局兵团调查总队编《新疆生产建设兵团统计年鉴(2015)》,中国统计出版社,2015。

新疆生产建设兵团统计局、国家统计局兵团调查总队编《新疆生产建设兵团统计年鉴(2016)》,中国统计出版社,2016。

徐绍史主编《2014 国家西部开发报告》,浙江大学出版社,2015。

徐勇主编《反贫困在行动:中国农村扶贫调查与实践》,中国社会科学出版社,2015。

杨颖:《中国农村反贫困研究》,光明日报出版社,2011。

姚红义、杨翠迎:《我国中西部农村最低生活保障存在的问题与对策分析》,《经济问题探索》2009 年第 3 期。

叶普万:《贫困经济学研究》,中国社会科学出版社,2004。

易棉阳:《论习近平的精准扶贫战略思想》,《贵州社会科学》2016年第5期。

游俊、冷志明、丁建军:《中国连片特困区发展报告(2013)》,社会科学文献出版社,2013。

虞崇胜、唐斌、余扬:《能力、权利、制度:精准脱贫战略的三维实现机制》,《理论探讨》2016年第2期。

张平、王海云、巫进国、孙长胜、岳健、王春荣:《新疆兵团贫困农场脱贫开发建设的理论与实践对策》,《新疆财经》1996年第3期。

张琦、冯丹萌、史志乐:《十三五期间开展精准扶贫工作的思考》,《中国国情国力》2015年第9期。

张琦、冯丹萌:《我国减贫实践探索及其理论创新:1978~2016年》,《改革》2016年第4期。

张琦、万君:《考核机制助推贫困县如期脱贫》,《国家治理》2015年第38期。

中共中央文献研究室、中共新疆生产建设兵团委员会编《新疆生产建设兵团工作文献选编(一九四九—二〇一四年)》,中央文献出版社,2014。

中华人民共和国国家统计局编《中国发展报告2015》,中国统计出版社,2015。

周民良、时保国:《精准扶贫新阶段治理贫困的思路》,《国家治理》2015年第36期。

祝慧、莫光辉:《精准扶贫的阶段性成效与创新突破》,《经济纵横》2016年第7期。

左停、杨雨鑫、钟玲:《精准扶贫：技术靶向、理论解析和现实挑战》,《贵州社会科学》2015 年第 8 期。

《把革命老区发展时刻放在心上——习近平总书记主持召开陕甘宁革命老区脱贫致富座谈会侧记》,新华网,2015 年 2 月 16 日。

《扶持人口较少民族发展规划（2011—2015 年）》,中国政府网,2011 年 7 月 1 日。

《扶贫标准上调至 2300 元》,人民网,2011 年 11 月 30 日。

《扶贫开发 抓紧抓紧再抓紧 做实做实再做实》,《人民日报》（海外版）2014 年 3 月 8 日。

《关于印发〈建立精准扶贫工作机制实施方案〉的通知》,国务院扶贫开发领导小组办公室网站,2014 年 5 月 26 日。

《国家扶贫开发工作重点县和连片特困地区县的认定》,国务院扶贫开发领导小组办公室网站,2013 年 3 月 1 日。

《国务院办公厅关于转发贫困地区经济开发领导小组第二次全体会议纪要的通知》,《中华人民共和国国务院公报》1986 年第 23 期。

《国务院扶贫办关于印发〈扶贫开发建档立卡工作方案〉的通知》,国务院扶贫开发领导小组办公室网站,2014 年 4 月 11 日。

《国务院关于印发中国农村扶贫开发纲要（2001—2010 年）的通知》,中国政府网,2001 年 6 月 13 日。

《国务院转批国务院贫困地区经济开发领导小组关于九十年代进一步加强扶贫开发工作的请示》,《中华人民共和国国务院公报》1990 年第 5 期。

《人类减贫史上的伟大实践——党中央关心扶贫开发工作纪

实》，人民网，2014 年 10 月 17 日。

《习近平：扶贫切忌喊口号》，人民网，2013 年 11 月 3 日。

《习近平的脱贫关键词：精准 引领全面小康进入冲刺时间》，中国青年网，2016 年 2 月 1 日。

《习近平赴湘西调研扶贫攻坚》，人民网，2013 年 11 月 3 日。

《习近平主席在 2015 减贫与发展高层论坛上的主旨演讲》，新华网，2015 年 10 月 16 日。

《在全国扶贫开发工作电视电话会议上的讲话》，中国政府网，2013 年 1 月 18 日。

《中共中央、国务院关于帮助贫困地区尽快改变面貌的通知》，《中华人民共和国国务院公报》1984 年第 25 期。

《中共中央关于制定十三五年规划的建议》，人民网，2015 年 11 月 3 日。

《中国农村扶贫开发的新进展》，国务院新闻办公室网站，2011 年 11 月 16 日。

《中央扶贫开发工作会议胡锦涛、温家宝发表重要讲话》，人民网，2011 年 11 月 29 日。

后　记

　　中国社会科学院国情调研特大项目"精准扶贫精准脱贫百村调研",是我院历史上组织实施的参与人员最多、规模最大的项目之一,具有重大现实意义和历史意义。参加扶贫调研,让我们亲身经历了中国从贫穷走向富强这一伟大的历史征程,亲眼看见了波澜壮阔的扶贫画卷,见证了老少边穷地区的少数民族牧民脱贫的幸福时刻,我们对扶贫攻坚的深刻内涵有了更加深刻的体会。

　　第一,习近平总书记2013年提出的精准扶贫理念标志着中国从扶贫开发转变为贫困治理,加快了整体脱贫的速度,迈出了扶贫攻坚的坚实步伐。

　　第二,精准扶贫理念是对传统扶贫思想的重大突破,对世界文明史的发展做出巨大贡献。

　　第三,2020年全面建成小康社会,是中国对世界的庄严承诺,是马克思主义在中国的生动实践,昭示了中国特色社会主义的强大生命力和感召力。

　　第四,扶贫攻坚是让全体人民逐步实现共同富裕的中国道路,是整个人类社会发展史上具有划时代意义的重大事件。

第五，中国的扶贫成功经验是中国对世界的智慧贡献。

这次调研报告的圆满完成得到了新疆生产建设兵团领导，以及兵团党校、兵团第六师组织部、兵团第六师北塔山牧场、北塔山牧场草建连、畜场一连、畜场二连、畜场三连、兵团十二师一零四团、兵团四师七十八团、兵团四师七十八团库什台牧场五连领导和牧场职工、牧民的支持。在报告写作过程中得到了中国社会科学评价研究院院长、项目部门负责人荆林波的指导，以及中组部选派援疆干部新疆生产建设兵团党委党校民族宗教学教研部主任刘志、中组部选派援藏干部中国社会科学评价研究院评价部副主任马冉、中国社会科学院社会发展战略研究院研究员沈红、中国社会科学院财经战略研究院研究员王迎新的直接指导、审读和诚挚帮助。中国科学院文献情报中心编辑部主任吕青、新疆生产建设兵团党委党校编辑殷小波、中国社会科学院信息情报研究院编辑蒋岩桦应邀担任本报告的编辑。中国社会科学评价研究院陈媛媛特邀担任影视图文编辑。在此，特向以上各单位领导、教授、讲师、馆员、干部、职工、哈萨克族牧民、哈萨克族翻译以及大学生在我们调研期间给予的亲切关怀、大力支持、诚挚合作表示诚挚的谢意！

此外，我院的老专家对扶贫工作非常关心，应邀参与报告的评审，发表了意见。中国社会科学院白仲尧老师认为："加大对边疆少数民族地区的公共服务。"中组部选派援疆干部刘志提出："边疆维稳戍边要真扶贫。"中组部选派援藏干部马冉提出："扶贫固疆，扶贫一个不能少。"我院老专家陈家勤提出："要打造新疆多民族团结的命运共同体。"人口所宋黎明提出："扶贫要治理数字扶贫、假扶贫，苦干实干见实效。"《财贸经济》编辑部原主任王迎新研究员提出："让新疆少数民族感受到党的关怀。"中国社科院老专家郑土生特作诗一首表达对新疆生产建设兵团的扶贫成果的敬意：

习总关怀记心间，

扶贫攻坚排万难。

调研报告见慧眼，

边陲脱贫北塔山。

我们坚信，2020 年中国将全面建成小康社会，这一历史时刻必将载入世界减贫事业的史册。

因时间紧任务重，报告有不妥之处，欢迎大家批评指正，谢谢！

中国社会科学评价研究院

新疆生产建设兵团北塔山牧场调研小组

2019 年 10 月

后
记

图书在版编目（CIP）数据

精准扶贫精准脱贫百村调研. 北塔山牧场卷：精准
扶贫助力民族融合 / 沈进建等著. -- 北京：社会科学
文献出版社, 2020.6
ISBN 978-7-5201-3655-6

Ⅰ.①精…　Ⅱ.①沈…　Ⅲ.①农村-扶贫-调查报告
-昌吉回族自治州　Ⅳ.①F323.8

中国版本图书馆CIP数据核字（2018）第232978号

· 精准扶贫精准脱贫百村调研丛书 ·

精准扶贫精准脱贫百村调研 · 北塔山牧场卷
——精准扶贫助力民族融合

著　　者 / 沈进建　姜　涛　胡彩云　等

出 版 人 / 谢寿光
组稿编辑 / 邓泳红　陈　颖
责任编辑 / 郑庆寰　柯　宓

出　　版 / 社会科学文献出版社·皮书出版分社（010）59367127
　　　　　地址：北京市北三环中路甲29号院华龙大厦　邮编：100029
　　　　　网址：www.ssap.com.cn
发　　行 / 市场营销中心（010）59367081　59367083
印　　装 / 三河市尚艺印装有限公司

规　　格 / 开　本：787mm×1092mm　1/16
　　　　　印　张：13.5　字　数：133千字
版　　次 / 2020年6月第1版　2020年6月第1次印刷
书　　号 / ISBN 978-7-5201-3655-6
定　　价 / 59.00元